El Popol-Vuh

El Popol-Vuh

Las historias antiguas del Quiché

Grijalbo

POPOL VUH

Anónimo

2a. reimpresión, 2007

Adaptación literaria: Fernando Pérez Rodríguez

© 2007, Random House Mondadori, S. A. de C. V.
          Av. Homero No. 544, Col. Chapultepec Morales,
          Del. Miguel Hidalgo, C. P. 11570, México, D. F.

www.randomhousemondadori.com.mx

ISBN: 978-970-780-471-5
ISBN: 970-780-471-8

Impreso en México / *Printed in Mexico*

ÍNDICE

PREÁMBULO

*É*ste es el principio de las antiguas historias de un lugar llamado Quiché. Aquí escribiremos y comenzaremos las antiguas historias, el principio y el origen de todo lo que se hizo en la ciudad de Quiché por las tribus de la nación quiché.

Y aquí haremos la manifestación, la publicación y la narración de lo que estaba oculto, la revelación por *Tzacol, Bitol, Alom, Qaholom*, que se llaman *Hunahpú-Vuch, Hunahpú-Utiú, Zaqui-Nimá-Tziís, Tepeu, Gucumatz, u Qux Cho, u Qux Paló, Ah Raxá Lac* y *Ah Raxá Tzel*, así llamados. Y al mismo tiempo la declaración y la narración de la Abuela y el Abuelo, llamados *Ixpiyacoc* e *Ixmucané*, amparadores y protectores, dos veces abuela, dos veces abuelo, así llamados en las historias quichés, cuando contaban todo lo que hicieron en el principio de la vida, el principio de la historia.

Esto lo escribiremos ya dentro de la ley de Dios, en el Cristianismo; lo sacaremos a la luz porque ya no existe el *Popol Vuh*, en el que se veía claramente la venida del otro lado del mar, la narración de nuestra oscuridad, y la vida.

Existía el libro original, escrito antiguamente, pero su vista está oculta al investigador y al pensador. Grande era la descripción y el relato de cómo se acabó de formar todo el cielo y la tierra, cómo fue formado y repartido en cuatro partes, cómo fue señalado y medido y cómo se trajo la cuerda de medir y fue extendida en el cielo y en la tierra, en los cuatro ángulos, en los cuatro rincones, tal como fue dicho por el Creador y el Formador, la madre y el padre de la vida, de todo lo creado, el que da la respiración y el pensamiento, la que da a luz a los hijos, el que vela por la felicidad de los pueblos, la felicidad del linaje humano, el sabio, el que medita en la bondad de todo lo que existe en el cielo, en la tierra, en los lagos y en el mar.

PRIMERA PARTE

Capítulo I

*É*sta es la relación de cómo todo estaba en suspenso, todo en calma, en silencio; todo inmóvil, callado, y vacía la extensión del cielo.

Ésta es la primera relación, el primer discurso. No había todavía un hombre, ni un animal, pájaros, peces, cangrejos, árboles, piedras, cuevas, barrancas, hierbas ni bosques: sólo el cielo existía.

No se mostraba la faz de la Tierra. Sólo el mar en calma y el cielo estaban en toda su extensión.

No había nada junto, ni cosa alguna que se moviera, ni se agitara, ni hiciera ruido en el cielo.

No había nada que estuviera en pie; sólo el agua en reposo, el mar apacible, solo y tranquilo. No había nada dotado de existencia.

Solamente había inmovilidad y silencio en la oscuridad, en la noche. Sólo el Creador, el Formador, Tepeu, Gucumatz, los Progenitores, estaban en el agua rodeados de claridad. Estaban ocultos bajo plumas verdes y azules; por eso se les llama Gucumatz. De grandes sabios, de grandes pensadores es su naturaleza. De esta manera existían el cielo y también el Corazón del Cielo, que es el nombre de Dios. Así contaban.

Entonces llegó aquí la palabra; Tepeu y Gucumatz vinieron juntos, en la oscuridad, en la noche, y hablaron entre sí, consultando y meditando; se pusieron de acuerdo, juntaron sus palabras y su pensamiento.

Y mientras meditaban se manifestó con claridad que cuando amaneciera debía aparecer el hombre. Entonces prepararon la creación y crecimiento de los árboles y los bejucos y el nacimiento de la vida y la creación del hombre. Así se preparó en las tinieblas y en la noche por el Corazón del Cielo, que se llama *Huracán*.

El primero se llama *Caculhá Huracán*. El segundo es *Chipi-Caculhá*. El tercero es *Raxa-Caculhá*. Y estos tres son el Corazón del Cielo.

Entonces vinieron juntos Tepeu y Gucumatz; entonces conversaron sobre la vida y la claridad; cómo se hará para que aclare y amanezca, quién será el que produzca el alimento y el sustento.

—¡Hágase así! ¡Que se llene el vacío! ¡Que esta agua se retire y desocupe el espacio, que surja la tierra y que sea firme! Así dijeron. ¡Que aclare, que amanezca en el cielo y en la tierra! No habrá gloria ni grandeza en nuestra creación y formación hasta que exista la criatura humana, el hombre formado. Así dijeron.

Luego la tierra fue creada por ellos. Así fue en verdad como se hizo la creación de la tierra: —¡Tierra!, dijeron, y al instante fue hecha.

Como una neblina, como una nube y como una polvareda fue la creación cuando surgieron del agua las montañas, y al instante crecieron.

Solamente por un prodigio, sólo por arte mágica se realizó la formación de las montañas y los valles, y al instante brotaron juntos los cipresales y pinares en la superficie.

Y así se llenó de alegría Gucumatz, diciendo: —¡Buena ha sido tu venida, Corazón del Cielo; tú, Huracán, y tú, Chipi-Caculhá, Raxa-Caculhá!

—Nuestra obra, nuestra creación será terminada, contestaron.

Primero se formaron la tierra, las montañas y los valles; se dividieron las corrientes de agua, los arroyos se fueron corriendo libremente entre los cerros, y las aguas quedaron separadas cuando aparecieron las altas montañas.

Así fue la creación de la tierra, cuando fue formada por el Corazón del Cielo, el Corazón de la Tierra, que así son llamados los que primero la fecundaron, cuando el cielo estaba en suspenso y la tierra se hallaba sumergida dentro del agua.

De esta manera se perfeccionó la obra, cuando la ejecutaron después de pensar y meditar sobre su feliz terminación.

Capítulo II

Luego hicieron a los animales pequeños del monte, los guardianes de todos los bosques, los duendes de la montaña, los venados, los pájaros, leones, tigres, serpientes, culebras, víboras, guardianes de los bejucos.

Y dijeron los Progenitores: —¿Sólo silencio e inmovilidad habrá bajo los árboles y los bejucos? Conviene que en lo sucesivo haya quien los cuide.

Así dijeron cuando meditaron y hablaron. En seguida fueron creados los venados y las aves. En seguida les repartieron sus moradas a los venados y a las aves. —Tú, venado, dormirás en la ribera de los ríos y en los barrancos. Aquí estarás entre la maleza, entre las hierbas; en el bosque te multiplicarás, en cuatro pies andarás y te sostendrás. Y así como se dijo, así se hizo.

Luego designaron también su morada a los pájaros pequeños y a las aves mayores: —Ustedes, pájaros, habitarán sobre los árboles y los bejucos, allí harán sus nidos, allí se multiplicarán, allí se sacudirán en las ramas de los árboles y de los bejucos. Así les fue dicho a los venados y a los pájaros para que hicieran lo que debían hacer, y todos tomaron sus nidos.

De esta manera, los Progenitores les dieron sus hogares a los animales de la Tierra.

❖ ❖ ❖

Y estando terminada la creación de todos los cuadrúpedos y las aves, les fue dicho a los cuadrúpedos y pájaros por el Creador y Formador y los Progenitores: —Hablen, griten, trinen, llamen, hable cada uno según su especie, según la variedad de cada uno. Así les fue dicho a los venados, los pájaros, leones, tigres y serpientes.

—Digan, pues, nuestros nombres, alábennos a nosotros, su madre, su padre. ¡Invoquen a Huracán, Chipi-Caculhá, Raxa-Caculhá, el Corazón del Cielo, el Corazón de la Tierra, el Creador, el Formador, los Progenitores; hablen, invóquennos, adórennos!, les dijeron. Pero no se pudo conseguir que hablaran como los hombres; sólo chillaban, cacareaban y graznaban; no se manifestó la forma de su lenguaje, y cada uno gritaba de manera diferente.

Cuando el Creador y el Formador vieron que no era posible que hablaran, se dijeron entre sí: —No ha sido posible que ellos digan nuestro nombre, el de nosotros, sus creadores y formadores. Esto no está bien, dijeron entre sí los Progenitores.

Entonces se les dijo: —Serán cambiados porque no se ha conseguido que hablen. Hemos cambiado de parecer: su alimento, su pastura, su habitación y sus nidos los tendrán, serán los barrancos y los bosques, porque no se ha podido lograr que nos adoren ni nos invoquen. Todavía hay quienes nos adoren, haremos otros seres que sean obedientes. Ustedes acepten su destino: sus carnes serán trituradas. Así será. Ésta será su suerte. Así dijeron cuando hicieron saber su voluntad a los animales pequeños y grandes que hay sobre la faz de la Tierra.

Luego quisieron probar suerte nuevamente, quisieron hacer otra tentativa y quisieron probar de nuevo a que los adoraran.

Pero no pudieron entender su lenguaje entre ellos mismos, nada pudieron conseguir y nada pudieron hacer. Por esta razón fueron sacrificadas sus carnes y los animales que existen sobre la faz de la Tierra fueron condenados a ser comidos y matados.

Así pues, hubo que hacer un nuevo intento de crear y formar al hombre por el Creador, el Formador y los Progenitores.

—¡A probar otra vez! El amanecer y la aurora ya se acercan; ¡hagamos al que nos sustentará y alimentará! ¿Cómo haremos para ser invocados, para ser recordados sobre la tierra? Ya hemos probado con nuestras primeras obras, nuestras primeras criaturas; pero no se pudo lograr que fuéramos alabados y venerados por ellos. Probemos ahora a hacer unos seres obedientes, respetuosos, que nos sustenten y alimenten. Así dijeron.

Entonces fue la creación y la formación. De tierra, de lodo hicieron la carne del hombre. Pero vieron que no estaba bien, porque se deshacía, estaba blando, no tenía movimiento, no tenía fuerza, se caía, estaba aguado, no movía la cabeza, la cara se le iba hacia un lado, tenía velada la vista, no podía ver hacia atrás. Al principio hablaba, pero no tenía entendimiento. Rápidamente se humedeció dentro del agua y no se pudo sostener.

Y el Creador y el Formador dijeron. Bien se ve que no puede caminar ni multiplicarse. —Que se haga una consulta acerca de esto, dijeron.

Entonces desbarataron y deshicieron su creación. Y en seguida dijeron: —¿Cómo haremos para que salgan bien nuestros adoradores, nuestros invocadores?

Así dijeron cuando de nuevo consultaron entre sí: —Digamos a Ixpiyacoc, Ixmucané, Hunahpú-Vuch, Hunahpú-Utiú: ¡Prueben suerte otra vez! ¡Intenten hacer la creación! Así dijeron entre sí el Creador y el Formador cuando hablaron a Ixpiyacoc e Ixmucané.

En seguida les hablaron a aquellos adivinos, la abuela del día, el abuelo del alba; así eran llamados por el Creador y el Formador, y sus nombres eran Ixpiyacoc e Ixmucané.

Y Huracán, Tepeu y Gucumatz dijeron a los adivinos cuando les hablaron: —Hay que reunirse y encontrar los medios para que el hombre que formemos, el hombre que vamos a crear nos sostenga y alimente, nos invoque y se acuerde de nosotros.

—Entren, pues, en consulta, abuela, abuelo, nuestra abuela, nuestro abuelo, Ixpiyacoc, Ixmucané, hagan que seamos invocados, que seamos adorados, que seamos recordados por el hombre creado, por el hombre formado, por el hombre mortal, hagan que así se haga.

—Den a conocer su naturaleza, Hunahpú-Vuch, Hunahpú-Utiú, dos veces madre, dos veces padre, Nim-Ac, Nimá-Tziís, el Se-

15

ñor de la esmeralda; el joyero, el escultor, el tallador, el Señor de los hermosos platos, el Señor de la verde jícara, el maestro de la resina, el maestro Toltecat, la abuela del sol, la abuela del alba, que así serán llamados por nuestras obras, nuestras criaturas.

—Echen la suerte con sus granos de maíz y de tzité. Hágase así y se sabrá si labraremos o tallaremos su boca y sus ojos en madera. Así les fue dicho a los adivinos.

A continuación echaron la suerte con el maíz y el tzité. —¡Suerte! ¡Criatura!, les dijeron la vieja y el viejo. Y este viejo era el de las suertes del tzité, el llamado Ixpiyacoc. Y la vieja era la adivina, la formadora, que se llamaba Chiracán Ixmucané.

Y comenzando la adivinación, dijeron así: —¡Júntense, únanse! ¡Hablen, que los oigamos, digan si conviene que se junte la madera y que sea labrada por el Creador y el Formador, y si el hombre de madera es el que nos va a sustentar y alimentar cuando aclare, cuando amanezca!

Tú, maíz; tú, tzité; tú, suerte; tú, criatura: ¡únanse, júntense!, les dijeron al maíz, al tzité, a la suerte, a la criatura. ¡Ven aquí, Corazón del Cielo; no castigues a Tepeu y Gucumatz!

Entonces hablaron y dijeron la verdad: —Buenos saldrán sus muñecos hechos de madera; hablarán y conversarán sobre la faz de la Tierra.

—¡Así sea!, contestaron, cuando hablaron.

Y al instante fueron hechos los muñecos labrados en madera. Se parecían al hombre, hablaban como el hombre y poblaron la superficie de la Tierra.

Existieron y se multiplicaron; tuvieron hijas, tuvieron hijos los muñecos de palo; pero no tenían alma, ni entendimiento, no se acordaban de su Creador, de su Formador; caminaban sin rumbo y andaban a gatas.

Ya no se acordaban del Corazón del Cielo y por eso cayeron en desgracia. Fue solamente un ensayo, un intento de hacer hombres. Hablaban al principio, pero su cara estaba flaca; sus pies y sus manos no tenían consistencia; no tenían sangre, ni humedad, ni gordura; sus mejillas estaban secas, secos sus pies y sus manos, y amarillas sus carnes.

Por esta razón ya no pensaban en el Creador ni en el Formador, en los que les daban el ser y cuidaban de ellos.

Éstos fueron los primeros hombres que en gran número existieron sobre la faz de la Tierra.

Capítulo III

En seguida fueron aniquilados, destruidos y deshechos los muñecos de palo; recibieron la muerte.

Una inundación fue producida por el Corazón del Cielo; un gran diluvio cayó sobre las cabezas de los muñecos de palo.

Del árbol de tzité se hizo la carne del hombre, pero cuando la mujer fue labrada por el Creador y el Formador, su carne se hizo de gladiolo. Estos materiales quisieron el Creador y el Formador que entraran en su composición.

Pero no pensaban, no hablaban con su Creador y su Formador, que los habían hecho, que los habían creado. Y por esta razón fueron muertos, fueron inundados. Una resina abundante vino del cielo. El llamado *Xecotcovach* llegó y les vació los ojos; *Camalotz* vino a cortarles la cabeza, y *Cotzbalam* vino a devorarles las carnes. También llegó *Tucumbalam* y les quebró y molió los huesos y los nervios.

Y esto fue para castigarlos porque no habían pensado en su madre, ni en su padre, el Corazón del Cielo, llamado Huracán. Y por este motivo se oscureció la faz de la Tierra y comenzó una lluvia negra, una lluvia de día, una lluvia de noche.

Llegaron entonces los animales pequeños, los animales grandes, los palos y las piedras les golpearon las caras. Y se pusieron todos a hablar; sus tinajas, sus comales, sus platos, sus ollas, sus perros, sus piedras de moler, todos se levantaron y les golpearon las caras.

—Mucho mal nos hacían, nos comían y nosotros ahora los morderemos, les dijeron sus perros y sus aves de corral.

Y las piedras de moler: —Éramos atormentadas por ustedes; cada día, cada noche, al amanecer, todo el tiempo hacían *holi, holi, huqui, huqui* nuestras caras. Éste era el servicio que les hacíamos. Pero ahora que han dejado de ser hombres probarán nuestras fuerzas. Moleremos y reduciremos a polvo sus carnes, les dijeron sus piedras de moler.

Y he aquí que sus perros hablaron y les dijeron: —¿Por qué no nos daban nuestra comida? Apenas estábamos mirando y ya nos echaban de su lado y nos lanzaban fuera. Siempre tenían listo un palo para pegarnos mientras comían.

Así era como nos trataban. Nosotros no podíamos hablar. Quizá ahora no les daríamos muerte, pero ¿por qué no reflexionaban, por qué no pensaban en ustedes mismos? Ahora nosotros los destruiremos, ahora probarán ustedes los dientes que hay en nuestra boca: los devoraremos, dijeron los perros, y luego les destrozaron las caras.

Y a su vez sus comales, sus ollas les hablaron así: —Dolor y sufrimiento nos causaban. Nuestra boca y nuestras caras estaban tiznadas, siempre estábamos puestos sobre el fuego y nos quemaban como si no sintiéramos dolor. Ahora probarán ustedes; los quemaremos, dijeron sus ollas, y todos les destrozaron las caras. Las piedras del hogar, que estaban amontonadas, se arrojaron directamente desde el fuego contra sus cabezas, causándoles dolor.

Desesperados corrían de un lado hacia otro; querían subirse sobre las casas y éstas se caían y los arrojaban al suelo; querían subirse sobre los árboles y éstos los lanzaban a lo lejos; querían entrar en las cavernas y éstas se cerraban ante ellos.

Así fue la ruina de los hombres que habían sido creados y formados, de los hombres hechos para ser destruidos y aniquilados: a todos les fueron destrozadas las bocas y las caras.

Y dicen que la descendencia de aquellos hombres de madera son los monos que existen ahora en los bosques; éstos son la muestra de aquéllos, porque sólo de palo fue hecha su carne por el Creador y el Formador.

Y por esta razón el mono se parece al hombre, es la muestra de una generación de hombres creados, de hombres formados que eran solamente muñecos y hechos solamente de madera.

Capítulo IV

Había entonces muy poca claridad sobre la faz de la Tierra. Aún no había sol. Sin embargo, había un ser orgulloso de sí mismo que se llamaba Vucub-Caquix.

El cielo y la tierra ya existían, pero estaba cubierta la faz del Sol y de la Luna.

Y decía Vucub-Caquix: —Verdaderamente son una muestra clara de aquellos hombres que se ahogaron y su naturaleza es como la de seres sobrenaturales.

—Yo seré grande ahora sobre todos los seres creados y formados. Yo soy el Sol, soy la claridad, la Luna, exclamó. Grande es mi esplendor. Por mí caminarán y vencerán los hombres. Porque de plata son mis ojos, resplandecientes como piedras preciosas, como esmeraldas; mis dientes brillan como piedras finas, semejantes a la faz del cielo. Mi nariz brilla de lejos como la Luna, mi trono es de plata y la faz de la Tierra se ilumina cuando salgo frente a mi trono.

Así, pues, yo soy el Sol, yo soy la Luna, para el linaje humano. Así será porque mi vista alcanza muy lejos.

De esta manera hablaba Vucub-Caquix. Pero en realidad él no era el Sol; solamente se vanagloriaba de sus plumas y riquezas. Pero su vista alcanzaba solamente el horizonte y no se extendía sobre todo el mundo.

Aún no se le veía la cara al Sol, ni a la Luna, ni a las estrellas, y aún no había amanecido. Por esta razón Vucub-Caquix se envanecía como si él fuera el Sol y la Luna, porque aún no se había manifestado ni se mostraba la claridad del Sol y de la Luna. Su única ambición era engrandecerse y dominar. Y fue entonces cuando ocurrió el diluvio a causa de los muñecos de palo.

Ahora contaremos cómo murió Vucub-Caquix y cómo fue hecho el hombre por el Creador y Formador.

Capítulo V

Éste es el principio de la derrota y de la ruina de Vucub-Caquix por los dos muchachos, el primero de los cuales se llamaba *Hunahpú* y el segundo *Ixbalanqué*. Éstos eran dioses verdaderamente. Como veían el mal que hacía el soberbio y que quería hacerlo en presencia del Corazón del Cielo, se dijeron los muchachos:

—No está bien que esto sea así, cuando el hombre no vive todavía aquí sobre la Tierra. Así pues, probaremos a tirarle con la cerbatana cuando esté comiendo; le tiraremos y le causaremos una enfermedad, y entonces se acabarán sus riquezas, sus piedras verdes, sus metales preciosos, sus esmeraldas, sus alhajas de las que se enorgullece. Y así lo harán todos los hombres, porque no deben envanecerse por el poder ni la riqueza.

—Así será, dijeron los muchachos, echándose cada uno su cerbatana al hombro.

Ahora bien, Vucub-Caquix tenía dos hijos: el primero se llamaba *Zipacná*, el segundo era *Cabracán*, y la madre de los dos se llamaba *Chimalmat*.

Zipacná jugaba a la pelota con los grandes montes: *Chigag, Hunahpú, Pecul, Yaxcanul, Macamob* y *Huliznab*. Éstos son los nombres de los montes que existían cuando amaneció y que fueron creados en una sola noche por Zipacná.

Cabracán movía los montes y por él temblaban las montañas grandes y pequeñas.

De esta manera proclamaban su orgullo: —¡Escuchen! ¡Yo soy el Sol!, decía Vucub-Caquix. —¡Yo soy el que hizo la Tierra!, decía Zipacná. —¡Yo soy el que sacudo el cielo y remuevo toda la tierra!, decía Cabracán. Así era como los hijos de Vucub-Caquix le disputaban a su padre la grandeza. Y esto les parecía muy mal a los muchachos.

Aún no había sido creada nuestra primera madre, ni nuestro primer padre. Por tanto, fue decidida la muerte y la destrucción de Vucub-Caquix y de sus hijos por los dos jóvenes.

Capítulo VI

Contaremos ahora el tiro de cerbatana que dispararon los dos muchachos contra Vucub-Caquix, y la destrucción de cada uno de los que se habían vanagloriado.

Vucub-Caquix tenía un gran árbol de nance; su fruta era la comida de Vucub-Caquix. Éste venía cada día al nance y se subía a la punta. Hunahpú e Ixbalanqué habían visto que ésa era su comida. Y habiéndose puesto al acecho al pie del árbol, escondidos entre las hojas, llegó Vucub-Caquix directamente a comer nances.

En este momento fue herido por un tiro de cerbatana de Hunahpú, que le dio precisamente en la quijada, y dando gritos se vino derecho a la tierra desde lo alto del árbol.

Hunahpú corrió apresuradamente para apoderarse de él, pero Vucub-Caquix le arrancó el brazo tirando de él desde la punta hasta el hombro. Así le arrancó el brazo Vucub-Caquix a Hunahpú. Ciertamente hicieron bien los muchachos no dejándose vencer primero por Vucub-Caquix.

Llevando el brazo de Hunahpú se fue Vucub-Caquix para su casa, a donde llegó sosteniéndose la quijada.

❖   ❖   ❖

—¿Qué te ha sucedido, Señor? —dijo Chimalmat, la mujer de Vucub-Caquix.

—¿Qué ha de ser, sino que aquellos dos demonios me tiraron con su cerbatana y me rompieron la quijada? A causa de ello se me mueven los dientes y me duelen mucho. Pero yo he traído su brazo para ponerlo sobre el fuego. Allí que se quede colgado y suspendido sobre el fuego, porque de seguro vendrán a buscarlo esos demonios. Así habló Vucub-Caquix mientras colgaba el brazo de Hunahpú.

Habiendo meditado, Hunahpú e Ixbalanqué se fueron a hablar con un viejo que tenía los cabellos completamente blancos, y con una vieja, de verdad muy vieja y humilde, ambos ya jorobados como gente muy anciana. El viejo se llamaba Zaqui-Nim-Ac y la vieja Zaqui-Nimá-Tziís. Los muchachos les dijeron a la vieja y al viejo:

—Acompáñennos para ir a traer nuestro brazo a casa de Vucub-Caquix. Nosotros iremos detrás. "Éstos que nos acompañan son nuestros nietos; su madre y su padre ya están muertos; por esta razón, ellos van a todas partes tras de nosotros, a donde nos dan limosna, pues lo único que nosotros sabemos hacer es sacar el gusano de las muelas." Así les dirán.

De esta manera, Vucub-Caquix nos verá como a muchachos y nosotros también estaremos allí para aconsejarlos, dijeron los dos jóvenes.

—Está bien —contestaron los viejos.

A continuación se pusieron en camino hacia el lugar donde se encontraba recostado en su trono Vucub-Caquix. Caminaban la vieja y el viejo seguidos de los dos muchachos, que iban jugando tras ellos. Así llegaron al pie de la casa del Señor, quien estaba gritando a causa de las muelas.

Al ver Vucub-Caquix al viejo y a la vieja y a los que los acompañaban, les preguntó:

—¿De dónde vienen, abuelos?

—Andamos buscando de qué alimentarnos, respetable Señor, contestaron aquéllos.

—¿Y cuál es su comida? ¿No son sus hijos éstos que los acompañan?

—¡Oh, no, Señor! Son nuestros nietos; pero les tenemos lástima y lo que a nosotros nos dan lo compartimos con ellos, Señor, contestaron la vieja y el viejo.

Mientras tanto, el Señor se moría del dolor de muelas y sólo con gran dificultad podía hablar.

—Yo les ruego encarecidamente que tengan lástima de mí. ¿Qué pueden hacer? ¿Qué es lo que saben curar?, les preguntó el Señor. Y los viejos contestaron:

—¡Oh, Señor!, nosotros sólo sacamos el gusano de las muelas, curamos los ojos y ponemos los huesos en su lugar.

—Está muy bien. Cúrenme los dientes, que verdaderamente me hacen sufrir día y noche, y a causa de ellos no tengo paz y no puedo dormir. Todo esto se debe a que dos demonios me tiraron con cerbatana y por eso no puedo comer. Así pues, tengan piedad de mí, apriétenme los dientes con sus manos.

—Muy bien, Señor. Un gusano es el que lo hace sufrir. Bastará con sacar esos dientes y ponerle otros en su lugar.

—No está bien que me saquen los dientes porque sólo así soy Señor. Toda mi distinción son mis dientes y mis ojos.

—Nosotros le pondremos otros en su lugar, hechos de hueso molido. Pero el hueso molido no eran más que granos de maíz blanco.

—Está bien, sáquenlos, vengan a ayudarme, replicó.

Entonces le sacaron los dientes a Vucub-Caquix; y en su lugar le pusieron solamente granos de maíz blanco, y estos granos de maíz le brillaban en la boca. Al instante decayeron sus facciones y ya no parecía Señor. Acabaron de sacarle los dientes que le brillaban en la boca como perlas. Y por último le curaron los ojos a Vucub-Caquix, reventándole las pupilas, y acabaron de quitarle todas sus riquezas.

Pero nada sentía ya. Sólo se quedó mirando mientras, por consejo de Hunahpú e Ixbalanqué, acababan de despojarlo de las cosas de que se enorgullecía.

Así murió Vucub-Caquix. Luego recuperó su brazo Hunahpú. Y murió también Chimalmat, la mujer de Vucub-Caquix.

Así se perdieron las riquezas de Vucub-Caquix. El médico se apoderó de todas las esmeraldas y piedras preciosas que habían sido su orgullo aquí en la tierra.

La vieja y el viejo que hicieron estas cosas eran seres maravillosos. Y habiendo recuperado el brazo, volvieron a ponerlo en su lugar y quedó bien otra vez.

Solamente para lograr la muerte de Vucub-Caquix quisieron obrar de esta manera, porque les pareció mal que se envaneciera.

Y en seguida se marcharon los dos muchachos, habiendo realizado así la orden del Corazón del Cielo.

Capítulo VII

He aquí ahora los hechos de Zipacná, el primer hijo de Vucub-Caquix.

—Yo soy el creador de las montañas, decía Zipacná.

Este Zipacná se estaba bañando a la orilla de un río cuando pasó un gran número de muchachos, que llevaban arrastrando un árbol para sostener su casa. Los muchachos caminaban después de haber cortado un gran árbol para el techo de su casa.

Llegó entonces Zipacná y dirigiéndose hacia donde estaban los muchachos, les dijo:

—¿Qué están haciendo, muchachos?

—Es que no podemos levantar este palo y llevarlo en hombros, respondieron.

—Yo lo llevaré. ¿A dónde van a ir? ¿Para qué lo quieren?

—Para viga principal de nuestra casa.

—Está bien, contestó, y levantándolo se lo echó al hombro y lo llevó hacia la entrada de la casa del montón de muchachos.

—Ahora quédate con nosotros, muchacho, le dijeron. ¿Tienes madre o padre?

—No tengo, contestó.

—Entonces te ocuparemos mañana para preparar otro palo para sostener nuestra casa.

—Bueno, contestó.

Todos los muchachos se reunieron en seguida y dijeron:

—¿Cómo haremos para matar a este muchacho? Porque no está bien que él solo haya levantado el palo. Hagamos un gran hoyo para hacerlo caer en él. "Baja a sacar y traer tierra del hoyo", le diremos, y cuando se haya agachado para bajar a la excavación le dejaremos caer el palo grande y allí en el hoyo morirá.

Así dijeron los muchachos y luego abrieron un gran hoyo muy profundo. En seguida llamaron a Zipacná.

—Nosotros te queremos bien. Anda, ven a cavar la tierra porque nosotros ya no alcanzamos, le dijeron.

—Está bien, contestó. En seguida bajó al hoyo. Y llamándolo mientras estaba cavando la tierra, le dijeron: —¿Has bajado ya muy hondo?

—Sí, contestó, mientras comenzaba a abrir el hoyo, pero el que estaba haciendo era para librarse del peligro. Él sabía que lo querían matar; por eso, al abrir el hoyo, escarbó hacia un lado una segunda excavación para librarse.

—¿Hasta dónde vas?, gritaron hacia abajo los muchachos.

—Todavía estoy cavando; yo los llamaré cuando esté terminada la excavación, dijo Zipacná desde el fondo del hoyo. Pero no estaba cavando su sepultura, sino que se encontraba abriendo otro hoyo para salvarse.

Por último los llamó Zipacná; pero cuando llamó ya se había puesto a salvo dentro del hoyo.

—Vengan a sacar y llevarse la tierra que he arrancado, porque en verdad he excavado mucho; está en la entrada del hoyo. ¿No escuchan mi llamada? Pero sus gritos, sus palabras, se repiten como un eco una y dos veces, y así oigo bien dónde están. Esto decía Zipacná desde el hoyo donde estaba escondido, gritando desde el fondo.

Entonces el gran número de muchachos arrojó violentamente su gran palo, que cayó en seguida con estruendo al fondo del hoyo.

❖ ❖ ❖

—¡Que nadie hable! Esperemos hasta oír sus gritos cuando muera, se dijeron entre sí, hablando en secreto y cubriéndose cada uno la cara, mientras caía el palo con estrépito. Zipacná lanzó entonces un solo grito, cuando cayó el palo en el fondo.

—¡Qué bien nos ha salido lo que le hicimos! Ya murió, dijeron los jóvenes. Si desgraciadamente hubiera continuado lo que había comenzado a hacer, estaríamos perdidos, porque ya se había metido entre nosotros.

Y llenos de alegría dijeron: —Ahora vamos a fabricar nuestro licor de chicha durante estos tres días. Pasados estos tres días beberemos por la construcción de nuestra casa, nosotros los muchachos. Luego dijeron: —Mañana y pasado mañana veremos si no vienen las hormigas entre la tierra cuando apeste y se pudra. En seguida se tranquilizará nuestro corazón y beberemos nuestro licor de chicha, dijeron.

Zipacná escuchaba desde el hoyo todo lo que hablaban los muchachos. Y luego, al segundo día, llegaron las hormigas en montón, yendo y viniendo y juntándose debajo del palo. Unas traían en la boca los cabellos y otras las uñas de Zipacná.

Cuando vieron esto los muchachos, dijeron: —¡Ya murió aquel demonio! Miren cómo se han juntado las hormigas, cómo han llegado por montones, trayendo unas los cabellos y otras las uñas. ¡Miren lo que hemos hecho! Así hablaban entre sí.

Sin embargo, Zipacná estaba vivo. Se había cortado los cabellos de la cabeza y se había roído las uñas con los dientes para dárselos a las hormigas.

Y así los muchachos creyeron que había muerto, y al tercer día dieron principio a la fiesta y se emborracharon. Y estando ebrios los muchachos, ya no sentían nada. En seguida Zipacná dejó caer la casa sobre sus cabezas y acabó de matarlos a todos.

Ni siquiera uno, ni dos se salvaron de entre el gran número de muchachos; muertos fueron por Zipacná, el hijo de Vucub-Caquix.

Así fue la muerte del gran número de muchachos, y se cuenta que entraron en el grupo de estrellas que por ellos se llama *Motz*, aunque esto tal vez sea mentira.

Capítulo VIII

Contaremos ahora la derrota de Zipacná por los dos muchachos Hunahpú e Ixbalanqué.

Ahora sigue la derrota y muerte de Zipacná, cuando fue vencido por los muchachos Hunahpú e Ixbalanqué.

El corazón de los dos jóvenes estaba lleno de rencor porque el gran número de muchachos había muerto por Zipacná. Y éste sólo buscaba pescados y cangrejos a la orilla de los ríos, pues ésta era su comida de cada día. Durante el día se paseaba buscando su comida y de noche se echaba los cerros a cuestas.

En seguida Hunahpú e Ixbalanqué hicieron una figura a imitación de un cangrejo muy grande, y le dieron esa apariencia con una hoja que se encuentra en los bosques.

Al cangrejo le hicieron las patas de hojas pequeñas y le pusieron una concha de piedra que le cubrió la espalda.

Luego pusieron esta especie de tortuga al pie de un gran cerro llamado *Meauán*, donde iban a vencer a Zipacná.

A continuación los muchachos fueron a encontrar a Zipacná a la orilla de un río.

—¿A dónde vas, muchacho?, le preguntaron a Zipacná.

—No voy a ninguna parte, sólo ando buscando mi comida, muchachos, contestó Zipacná.

—¿Y cuál es tu comida?

—Pescado y cangrejos, pero aquí no hay; no he hallado ninguno; desde anteayer no he comido y ya no aguanto el hambre, dijo Zipacná a Hunahpú e Ixbalanqué.

—Allá en el fondo del barranco está un cangrejo, uno verdaderamente grande, y ¡bien que te lo comieras! Pero nos mordió cuando lo quisimos atrapar y por eso le tenemos miedo. Por nada iríamos a tomarlo, dijeron Hunahpú e Ixbalanqué.

—¡Tengan lástima de mí! Vengan y enséñenmelo, muchachos, dijo Zipacná.

—No queremos. Camina tú solo, que no te perderás.

Sigue por la orilla del río y llegarás al pie de un gran cerro, allí está haciendo ruido en el fondo del barranco. Sólo tienes que llegar allá, le dijeron Hunahpú e Ixbalanqué.

—¡Ay, desdichado de mí! ¿No lo pueden encontrar ustedes, muchachos? Vengan a enseñármelo. Hay muchos pájaros que pueden cazar con la cerbatana y yo sé dónde se encuentran, dijo Zipacná.

Su humildad convenció a los muchachos. Y ellos le dijeron:

—Pero ¿de veras lo podrás atrapar? Porque sólo por ti volveremos; nosotros ya no lo intentaremos porque nos mordió cuando íbamos entrando boca abajo. Luego tuvimos miedo a entrar, pero faltó poco para que lo atrapáramos. Así pues, sería bueno que entraras arrastrándote, le dijeron.

—Está bien, dijo Zipacná, y entonces se fue en su compañía. Llegaron al fondo del barranco y allí, tendido sobre el costado, estaba el cangrejo mostrando su concha colorada. Y allí también, en el fondo del barranco, estaba el engaño de los muchachos.

—¡Qué bueno!, dijo entonces Zipacná con alegría. ¡Ya quisiera tenerlo en la boca! Y es que verdaderamente se estaba muriendo de hambre. Quiso entrar tendiéndose con la boca hacia el suelo, pero el cangrejo iba subiendo. Se salió en seguida y los muchachos le preguntaron:

—¿No lo atrapaste?

—No, contestó, porque se fue hacia arriba; poco me faltó para atraparlo. Pero tal vez sería bueno que yo entrara boca arriba, agregó. Y luego entró de nuevo boca arriba, pero cuando ya casi había acabado de entrar y sólo mostraba la punta de los pies, se derrumbó el gran cerro y le cayó lentamente sobre el pecho.

Nunca más volvió Zipacná y fue convertido en piedra.

Así fue vencido Zipacná por los muchachos Hunahpú e Ixbalanqué, aquel que, según la antigua tradición, hacía las montañas, el hijo primogénito de Vucub-Caquix.

Al pie del cerro llamado Meauán fue vencido. Sólo por un prodigio fue vencido el segundo de los soberbios. Quedaba otro y su historia la contaremos ahora.

Capítulo IX

El tercero de los soberbios era el segundo hijo de Vucub-Caquix, que se llamaba Cabracán.

—¡Yo derribo las montañas!, decía.

Pero Hunahpú e Ixbalanqué vencieron también a Cabracán. Huracán, Chipi-Caculhá y Raxa-Caculhá hablaron y dijeron a Hunahpú e Ixbalanqué:

—Que el segundo hijo de Vucub-Caquix sea también vencido. Ésta es nuestra voluntad. Porque no está bien lo que hace sobre la tierra, exaltando su gloria, su grandeza y su poder; no debe ser así. Llévenlo con halagos allá donde nace el sol, les dijo Huracán a los dos jóvenes.

—Muy bien, respetable Señor, contestaron éstos, porque no es justo lo que vemos. ¿Acaso no existes tú, que eres la paz, tú, Corazón del Cielo?, dijeron los muchachos mientras escuchaban la orden de Huracán.

Entretanto, Cabracán se ocupaba en sacudir las montañas. Al más pequeño golpe de sus pies sobre la tierra, se abrían las montañas grandes y pequeñas. Así lo encontraron los muchachos, quienes preguntaron a Cabracán:

—¿A dónde vas, muchacho?

—A ninguna parte, contestó. Aquí estoy moviendo las montañas y las estaré derribando para siempre, dijo en respuesta.

A continuación Cabracán preguntó a Hunahpú e Ixbalanqué:

—¿Qué vienen a hacer aquí? No conozco sus caras. ¿Cómo se llaman?, dijo Cabracán.

—No tenemos nombre, contestaron aquéllos. No somos más que tiradores con cerbatana y cazadores con liga en los montes. Somos pobres y no tenemos nada que nos pertenezca. Solamente caminamos por los montes pequeños y grandes. Y precisamente hemos visto una gran montaña, allá donde se enrojece el cielo. En verdad se levanta muy alto y domina la cumbre de todos los cerros. Así es que no hemos podido atrapar ni un solo pájaro en ella, muchacho. Pero

¿es verdad que tú puedes derribar todas las montañas?, le dijeron Hunahpú e Ixbalanqué a Cabracán.

—¿De veras han visto esa montaña? ¿En dónde está? En cuanto yo la vea la echaré abajo. ¿Dónde la vieron?

—Por allá está, donde nace el sol, dijeron Hunahpú e Ixbalanqué.

—Está bien, enséñenme el camino, les dijo a los dos jóvenes.

—¡Oh!, contestaron éstos. Pero tenemos que llevarte en medio de nosotros: uno irá a tu izquierda y otro a tu derecha; por si hubiera pájaros, les tiraremos con nuestras cerbatanas.

Iban alegres, probando sus cerbatanas; pero cuando tiraban con ellas no usaban la piedra de barro en el tubo, sino que sólo con el soplo derribaban a los pájaros cuando les tiraban; de esto se admiraba grandemente Cabracán.

En seguida los muchachos hicieron una fogata y pusieron a asar los pájaros en el fuego, pero untaron uno de ellos con tiza, una tierra blanca con que lo cubrieron.

—Esto le daremos, dijeron, para que se le abra el apetito con el olor que despide. Este pájaro será su perdición. Así como la tierra cubre este pájaro por nuestra obra, así en tierra lo sepultaremos.

—Grande será la sabiduría del ser creado, del hombre formado, cuando amanezca, cuando aclare, dijeron los muchachos.

—Como el deseo de comer un bocado es natural en el hombre, el corazón de Cabracán está ansioso, decían entre sí Hunahpú e Ixbalanqué.

Mientras estaban asando los pájaros, éstos se iban dorando al cocerse y su grasa y su jugo despedían el olor más apetitoso. Cabracán sentía grandes ganas de comérselos; se le hacía agua la boca, y la saliva le corría a causa del olor excitante de los pájaros.

Luego les preguntó: —¿Qué es esa comida suya? Verdaderamente es agradable el olor que siento. Denme un pedacito, les dijo.

Le dieron entonces un pájaro a Cabracán, el pájaro que sería su ruina. Y en cuanto acabó de comerlo se pusieron en camino y llegaron al Oriente, adonde estaba la gran montaña. Pero ya entonces se le habían aflojado las piernas y las manos a Cabracán, ya no tenía fuerzas a causa de la tierra con que habían untado el pájaro que se comió, y ya no pudo hacerles nada a las montañas, ni le fue posible derribarlas.

En seguida lo amarraron los muchachos. Le ataron los brazos detrás de la espalda y le ataron también el cuello y los pies juntos. Luego lo tiraron al suelo y allí mismo lo enterraron.

De esta manera fue vencido Cabracán por obra de Hunahpú e Ixbalanqué. No sería posible enumerar todas las cosas que éstos hicieron aquí en la tierra.

Ahora contaremos el nacimiento de Hunahpú e Ixbalanqué, después de haber relatado primeramente la destrucción de Vucub-Caquix, la de Zipacná y la de Cabracán aquí sobre la tierra.

SEGUNDA PARTE

Capítulo I

Ahora diremos el nombre del padre de Hunahpú e Ixbalanqué. Dejaremos en la sombra su origen, así como en la oscuridad el relato y la historia del nacimiento de Hunahpú e Ixbalanqué. Sólo diremos la mitad, solamente una parte de la historia de su padre.

He aquí la historia. He aquí el nombre: *Hun-Hunahpú,* así llamado. Sus padres eran Ixpiyacoc e Ixmucané. De ellos nacieron, durante la noche, antes de que hubiera sido creado el hombre, *Hun-Hunahpú* y *Vucub-Hunahpú,* hijos de Ixpiyacoc e Ixmucané.

Ahora bien, Hun-Hunahpú había engendrado dos hijos, el primero se llamaba *Hunbatz* y el segundo *Hunchouén.*

La madre de éstos se llamaba *Ixbaquiyalo,* así se llamaba la mujer de Hun-Hunahpú. Y el otro Vucub-Hunahpú no tenía mujer, era soltero.

Estos dos hijos, por su naturaleza, eran grandes sabios y grande era su sabiduría; eran adivinos aquí en la tierra, de buen temperamento y buenas costumbres. Todas las artes les fueron enseñadas a Hunbatz y Hunchouén, los hijos de Hun-Hunahpú. Eran flautistas, cantores, tiradores con cerbatana, pintores, escultores, joyeros, plateros: esto eran Hunbatz y Hunchouén.

Ahora bien, Hun-Hunahpú y Vucub-Hunahpú solamente se ocupaban de jugar a los dados y a la pelota todos los días; y de dos contra dos competían los cuatro cuando se reunían en el juego de pelota.

Allí venía a observarlos el *Voc,* el gavilán, el mensajero de Huracán, de Chipi-Caculhá, de Raxa-Caculhá; pero este Voc no se quedaba lejos de la tierra, ni lejos de *Xibalbá,* el inframundo, y en un instante subía al cielo al lado de Huracán.

Estaban todavía aquí en la tierra cuando murió la madre de Hunbatz y Hunchouén.

Y habiendo ido a jugar a la pelota, los oyeron *Hun-Camé* y *Vucub-Camé,* los Señores de Xibalbá.

—¿Qué están haciendo sobre la tierra? ¿Quiénes son los que la hacen temblar y hacen tanto ruido? ¡Que vayan a llamarlos! ¡Que vengan a jugar a la pelota aquí, donde los venceremos! Ya no somos respetados por ellos, ya no tienen consideración ni miedo a nuestra categoría, y hasta se ponen a pelear sobre nuestras cabezas, dijeron todos los de Xibalbá.

En seguida entraron todos en consejo. Hun-Camé y Vucub-Camé eran los jueces supremos. Hun-Camé y Vucub-Camé les señalaban sus funciones a todos los Señores y a cada uno le señalaban sus atribuciones.

Xiquiripat y *Cuchumaquic* eran los nombres de estos Señores. Éstos son los que causan los derrames de sangre de los hombres.

Otros se llamaban *Ahalpuh* y *Ahalganá,* también Señores. Y el oficio de éstos era hinchar a los hombres, hacerles brotar pus de las piernas y teñirles de amarillo la cara, lo que se llama *Chuganal.* Tal era el oficio de Ahalpuh y Ahalganá.

Otros eran el Señor *Chamiabac* y el Señor *Chamiaholom,* alguaciles de Xibalbá. La ocupación de éstos era enflaquecer a los hombres hasta que los volvían sólo huesos y calaveras; ya muertos se los llevaban con el vientre y los huesos estirados. Tal era el oficio de Chamiabac y Chamiaholom, así llamados.

Otros Señores se llamaban *Ahalmez* y *Ahaltocob*. El oficio de éstos era hacer que a los hombres les sucediera alguna desgracia cuando iban para la casa o frente a ella y que los encontraran heridos, tendidos boca arriba en el suelo o muertos. Tal era el oficio de Ahalmez y Ahaltocob, como les llamaban.

Venían en seguida otros Señores, llamados *Xic* y *Patán*. Su oficio era causar la muerte a los hombres en los caminos, lo que se llama muerte repentina, haciéndoles llegar la sangre a la boca hasta que morían vomitando sangre. Éste era el oficio de Xic y Patán.

Y habiéndose reunido en consejo, hablaron sobre la manera de atormentar y castigar a Hun-Hunahpú y a Vucub-Hunahpú. Lo que deseaban los de Xibalbá eran los instrumentos de juego de Hun-Hunahpú y Vucub-Hunahpú, sus cueros, sus anillos, sus guantes, la corona y la máscara; todos los adornos de Hun-Hunahpú y Vucub-Hunahpú.

Ahora contaremos su viaje a Xibalbá y cómo dejaron tras de ellos a los hijos de Hun-Hunahpú, Hunbatz y Hunchouén, cuando su madre ya había muerto.

Luego diremos cómo Hunbatz y Hunchouén fueron vencidos por Hunahpú e Ixbalanqué.

Capítulo II

En seguida vinieron los mensajeros de Hun-Camé y Vucub-Camé.

—Vayan, les dijeron, vayan a llamar a Hun-Hunahpú y Vucub-Hunahpú. "Vengan con nosotros", les dirán. "Dicen los Señores que vengan". Que vengan aquí a jugar a la pelota con nosotros, para que con ellos se alegren nuestras caras, porque verdaderamente nos causan admiración. Así pues, vengan, dijeron los Señores. Y traigan sus instrumentos de juego, sus anillos, sus guantes y también sus pelotas de caucho, dijeron los Señores. "Vengan pronto, les dirán", les fue dicho a los mensajeros.

❖ ❖ ❖

Y estos mensajeros eran búhos: *Chabi-Tucur, Huracán-Tucur, Caquis-Tucur* y *Holom-Tucur*. Así se llamaban los mensajeros de Xibalbá.

Chabi-Tucur era veloz como una flecha; Huracán-Tucur tenía solamente una pierna; Caquis-Tucur tenía roja la espalda, y Holom-Tucur solamente tenía cabeza, no tenía piernas, pero sí alas.

Los cuatro mensajeros tenían el título de *Ah-pop-Achih*. Saliendo de Xibalbá llegaron rápidamente, llevando su mensaje, al patio donde estaban jugando a la pelota Hun-Hunahpú y Vucub-Hunahpú, en el juego de pelota que se llamaba *Nim-Xob Carchah*. Los búhos mensajeros se dirigieron al juego de pelota y presentaron su mensaje, precisamente en el orden en que se lo dieron Hun-Camé, Vucub-Camé, Ahalpuh, Ahalganá, Chamiabac, Chamiaholom, Xiquiripat, Cuchumaquic, Ahalmez, Ahaltocob, Xic y Patán, que así se llamaban los Señores que enviaban su recado por medio de los búhos.

—¿De veras han hablado así los Señores Hun-Camé y Vucub-Camé? —Ciertamente han hablado así y nosotros los tenemos que acompañar.

—"Que traigan todos sus instrumentos para el juego", han dicho los Señores.

—Está bien, dijeron los jóvenes. Espérennos, sólo vamos a despedirnos de nuestra madre.

Y habiéndose dirigido hacia su casa, le dijeron a su madre, pues su padre ya estaba muerto: —Nos vamos, madre nuestra, pero nuestra ida será aparente. Los mensajeros del Señor han venido a llevarnos. "Que vengan", han dicho, según manifiestan los enviados.

—Aquí se quedará en prenda nuestra pelota, agregaron. En seguida la fueron a colgar en el hueco que hacía el techo de la casa. Luego dijeron: —Ya volveremos a jugar. Y dirigiéndose a Hunbatz y Hunchouén les dijeron:

—Ustedes ocúpense de tocar la flauta y de cantar, de pintar, de esculpir; calienten nuestra casa y calienten el corazón de su abuela.

Cuando se despidieron de su madre, Ixmucané se echó a llorar. —No te aflijas, nosotros nos vamos, pero todavía no hemos muerto, dijeron al partir Hun-Hunahpú y Vucub-Hunahpú.

En seguida Hun-Hunahpú y Vucub-Hunahpú se fueron y los mensajeros los llevaron. Fueron bajando por el camino de Xibalbá, por unas escaleras muy inclinadas. Fueron bajando hasta que llegaron a la orilla de un río que corría rápidamente entre los barrancos llamados *Nu zivan cul* y *Cuzivan*, y pasaron por ellos. Luego pasaron por el río que corre entre árboles espinosos. Los árboles eran innumerables, pero ellos pasaron sin lastimarse.

Luego llegaron a la orilla de un río de sangre y lo atravesaron sin beber sus aguas; llegaron a otro río solamente de agua y no fueron vencidos. Pasaron adelante hasta que llegaron a donde se juntaban cuatro caminos y allí fueron vencidos, en el cruce de los cuatro caminos.

De estos cuatro caminos, uno era rojo, otro negro, otro blanco y otro amarillo. Y el camino negro les habló de esta manera: —Yo soy el que deben tomar porque yo soy el camino del Señor. Así habló el camino.

Y allí fueron vencidos. Los llevaron por el camino de Xibalbá y cuando llegaron a la sala del consejo de los Señores de Xibalbá, ya habían perdido la partida.

Ahora bien, los primeros que estaban allí sentados eran solamente muñecos, hechos de palo, fabricados por los de Xibalbá.

A éstos los saludaron primero:

—¿Cómo está, Hun-Camé?, le preguntaron al muñeco.

—¿Cómo está, Vucub-Camé?, le preguntaron al hombre de palo. Pero éstos no les respondieron. Al instante soltaron una carcajada los Señores de Xibalbá y todos los demás Señores se pusieron a reír ruidosamente, porque sentían que ya los habían vencido, que habían vencido a Hun-Hunahpú y Vucub-Hunahpú. Y seguían riéndose.

Luego hablaron Hun-Camé y Vucub-Camé: —Muy bien, dijeron. Ya llegaron. Mañana preparen la máscara, sus anillos y sus guantes, les dijeron.

—Vengan a sentarse en nuestro banco, les dijeron. Pero el banco que les ofrecían era de piedra ardiente y se quemaron. Se pusieron a dar vueltas alrededor del banco, pero no se aliviaron y si no se hubieran levantado se les habrían quemado las asentaderas.

Los de Xibalbá se echaron a reír de nuevo, se morían de la risa; se retorcían del dolor que les causaba la risa en las entrañas, en la sangre y en los huesos, riéndose todos los Señores de Xibalbá.

—Vayan ahora a aquella casa, les dijeron; allí se les llevará su pedazo de ocote y su cigarro y allí dormirán.

En seguida llegaron a la Casa Oscura. No había más que tinieblas en el interior de la casa.

Mientras tanto, los señores de Xibalbá discutían sobre lo que debían hacer.

—Sacrifiquémoslos mañana, que mueran, pronto, pronto, para que sus instrumentos de juego nos sirvan a nosotros para jugar, dijeron entre sí los Señores de Xibalbá.

Ahora bien, su ocote era una punta redonda de pedernal del que llaman *zaquitoc;* éste es el pino de Xibalbá. Su ocote era puntiagudo y afilado, brillante como hueso y muy duro.

Hun-Hunahpú y Vucub-Hunahpú entraron a la Casa Oscura. Allí fueron a darles su ocote, un solo ocote encendido que les mandaban Hun-Camé y Vucub-Camé, junto con un cigarro para cada uno, encendido también, que les mandaban los Señores. Esto fueron a darles a Hun-Hunahpú y Vucub-Hunahpú.

Ellos se hallaban en cuclillas en la oscuridad cuando llegaron los portadores del ocote y los cigarros. Al entrar, el ocote alumbraba brillantemente.

—Que enciendan su ocote y sus cigarros cada uno; que vengan a devolverlos al amanecer, pero que no los consuman, sino que los devuelvan enteros; esto es lo que les mandan decir los Señores. Así les dijeron. Y así fueron vencidos. Su ocote se consumió y también se consumieron los cigarros que les habían dado.

Los castigos de Xibalbá eran numerosos; eran castigos de muchos tipos.

El primero era la Casa Oscura, *Quequma-ha,* y en su interior sólo había tinieblas.

El segundo era la Casa donde tiritaban, *Xuxulim-ha,* dentro de la cual hacía mucho frío. Un viento frío e insoportable soplaba en su interior.

El tercero era la Casa de los tigres, *Balami-ha,* en la cual no había más que tigres que se revolvían, se amontonaban, gruñían y se burlaban. Los tigres estaban encerrados dentro de la casa.

Zotzi-ha, la Casa de los murciélagos, se llamaba el cuarto lugar de castigo. Dentro de esta casa no había más que murciélagos que chillaban, gritaban y revoloteaban. Los murciélagos estaban encerrados y no podían salir.

El quinto se llamaba la Casa de las Navajas, *Chayin-ha,* dentro de la cual solamente había navajas cortantes y afiladas, calladas o rechinando las unas con las otras dentro de la casa.

Muchos eran los lugares de tormento de Xibalbá, pero no entraron en ellos Hun-Hunahpú y Vucub-Hunahpú. Solamente mencionamos los nombres de estas casas de castigo.

Cuando volvieron Hun-Hunahpú y Vucub-Hunahpú ante Hun-Camé y Vucub-Camé, les dijeron:

—¿Dónde están mis cigarros? ¿Dónde está el pedazo de ocote que les dieron anoche?

—Se acabaron, Señor.

—Está bien. Hoy será el fin de sus días.

Ahora morirán. Serán destruidos, los haremos pedazos y aquí quedará oculto su recuerdo. Serán sacrificados, dijeron Hun-Camé y Vucub-Camé.

En seguida los sacrificaron y los enterraron en el así llamado *Pucbal-Chah.* Antes de enterrarlos, le cortaron la cabeza a Hun-Hunahpú y enterraron al hermano mayor junto con el hermano menor.

—Lleven la cabeza y póngala en aquel árbol que está sembrado en el camino, dijeron Hun-Camé y Vucub-Camé. Y habiendo ido a poner la cabeza en el árbol, al instante se cubrió de frutas este árbol que jamás había dado fruto antes de que pusieran entre sus ramas la cabeza de Hun-Hunahpú. Y a esta fruta la llamamos hoy jícara, que así se dice la cabeza de Hun-Hunahpú.

Con admiración contemplaban Hun-Camé y Vucub-Camé el fruto del árbol. El fruto redondo estaba en todas partes; pero no se distinguía la cabeza de Hun-Hunahpú, pues era igual a los frutos del jícaro. Así aparecía ante todos los de Xibalbá cuando llegaban a verla.

A juicio de aquéllos, la naturaleza de este árbol era maravillosa, por lo que había sucedido en un instante cuando pusieron entre sus ramas la cabeza de Hun-Hunahpú. Y los Señores de Xibalbá ordenaron: —¡Que nadie venga a tomar de esta fruta! ¡Que nadie venga a ponerse debajo de este árbol!, dijeron, y así mandaron impedirlo todos los de Xibalbá.

La cabeza de Hun-Hunahpú no volvió a aparecer, porque se había vuelto la misma cosa que el fruto del árbol que se llama jícaro. Sin embargo, una muchacha oyó la historia maravillosa. Ahora contaremos cómo fue su llegada.

Capítulo III

Ésta es la historia de una doncella, hija de un Señor llamado *Cuchumaquic*.

A oídos de una doncella llamada *Ixquic* llegaron estas noticias. Cuando ella oyó la historia de los frutos del árbol, contada por su padre, se quedó admirada de oírla.

—¿Por qué no puedo ir a ver ese árbol que cuentan?, exclamó la joven. Ciertamente deben ser sabrosos los frutos de que oigo hablar. A continuación se puso en camino ella sola y llegó al pie del árbol que estaba sembrado en Pucbal-Chah.

—¡Ah!, exclamó, ¿qué frutos son los que produce este árbol? ¿No es admirable ver cómo se ha cubierto de frutos? ¿Me moriré, me perderé si corto uno de ellos?, dijo la doncella.

Habló entonces la calavera que estaba entre las ramas del árbol y dijo: —¿Qué es lo que quieres? Estos objetos redondos que cubren las ramas del árbol no son más que calaveras. Así dijo la cabeza de Hun-Hunahpú, dirigiéndose a la joven. ¿Acaso los deseas?, agregó.

—Sí los deseo, contestó la doncella.

—Muy bien, dijo la calavera. Extiende hacia acá tu mano derecha.

—Bien, replicó la joven, y levantando su mano derecha la extendió en dirección a la calavera.

En ese instante la calavera lanzó un chisguete de saliva que fue a caer directamente en la palma de la mano de la doncella. Ella se miró rápidamente y con atención la mano, pero la saliva de la calavera ya no estaba.

—En mi saliva te he dado mi descendencia (dijo la voz en el árbol). Ahora mi cabeza ya no tiene nada encima, no es más que una calavera despojada de la carne. Así es la cabeza de los grandes príncipes, la carne es lo único que les da una hermosa apariencia. Y cuando mueren, los hombres se espantan a causa de los huesos. Así es también la naturaleza de los hijos, que son como la saliva, ya sean hijos de un Señor, de un hombre sabio o de un orador. Su condición no se pierde cuando se van, sino que se hereda; no se extingue ni desaparece la imagen del Señor, del hombre sabio o del orador, sino que la dejan a las hijas y a los hijos que engendran. Esto mismo he hecho yo contigo. Sube, pues, a la superficie de la Tierra, que no morirás. Confía en mi palabra, que así será, dijo la cabeza de Hun-Hunahpú.

Y todo lo que tan acertadamente hizo fue por mandato de Huracán, Chipi-Caculhá y Raxa-Caculhá.

La doncella volvió a su casa en seguida, después que le fueron hechas todas estas advertencias, y habiendo concebido inmediatamente los hijos en su vientre por la virtud de la saliva. Y así fueron engendrados Hunahpú e Ixbalanqué.

Llegó, pues, la joven a su casa y después de haberse cumplido seis meses, su estado fue advertido por su padre, el llamado Cuchumaquic. Al instante fue descubierto el secreto de la joven por el padre, al observar que esperaba un hijo.

Entonces todos los Señores, Hun-Camé y Vucub-Camé se reunieron en consejo con Cuchumaquic.

—Mi hija está preñada, Señores; ha sido deshonrada, exclamó Cuchumaquic cuando compareció ante los Señores.

—Oblígala a declarar la verdad, y si se niega a hablar, castígala; que la lleven a sacrificar lejos de aquí, dijeron éstos.

—Muy bien, respetables Señores, contestó. A continuación interrogó a su hija:

—¿De quién es el hijo que tienes en el vientre, hija mía? Y ella contestó: —No tengo hijo, señor padre, aún no he conocido varón.

—Está bien, replicó. Ciertamente eres una ramera. Llévenla a sacrificar, señores Ah-pop-Achih; tráiganme el corazón dentro de una jícara y vuelvan hoy mismo ante los Señores, les dijo a los búhos.

Los cuatro mensajeros tomaron la jícara y se marcharon llevando en sus brazos a la joven y llevando también el cuchillo de pedernal para sacrificarla.

Y ella les dijo: —No es justo que me maten, ¡oh mensajeros!, porque no es una deshonra lo que llevo en el vientre; solo se engendró cuando fui a admirar la cabeza de Hun-Hunahpú que estaba en Pucbal-Chah. Así pues, no deben sacrificarme, ¡oh mensajeros!, dijo la joven, dirigiéndose a ellos.

—¿Y qué pondremos en lugar de tu corazón? Nos ha dicho tu padre: "Tráiganme el corazón, vuelvan ante los Señores, cumplan con su deber y acudan juntos a la obra, tráiganlo pronto en la jícara, pongan el corazón en el fondo de la jícara". ¿Acaso no nos habló así? ¿Qué le daremos en la jícara? Nosotros bien quisiéramos que no murieras, dijeron los mensajeros.

—Muy bien, pero este corazón no les pertenece a ellos. Tampoco ustedes deben vivir aquí, ni deben tolerar que los obliguen a matar a los hombres. Ciertamente después ustedes serán los verdaderos criminales y en seguida yo estaré con Hun-Camé y Vucub-Camé. La sangre y sólo la sangre será de ellos y estará en su presencia. Pero no puede ser que este corazón sea quemado ante ellos.

—Recojan el fruto de este árbol, dijo la doncella. Un jugo rojo brotó del árbol, cayó en la jícara y en seguida se hizo una bola resplandeciente que tomó la forma de un corazón hecho con la savia que corría de aquel árbol rojizo. Semejante a la sangre, la savia del árbol brotaba imitando la verdadera sangre. Luego se coaguló allí dentro la sangre o sea la savia del árbol rojo, y se cubrió de una capa muy brillante, mientras que el árbol resplandecía por obra de la doncella. Se llamaba *Árbol rojo de grana*, pero desde entonces tomó el nombre de Árbol de la Sangre porque a su savia se le llama Sangre.

—Allá en la tierra serán amados y tendrán lo que les pertenece, dijo la joven a los búhos.

—Está bien, niña. Nosotros nos iremos allá, subiremos a servirte; tú, sigue tu camino mientras nosotros vamos a presentar la savia en lugar de tu corazón ante los Señores, dijeron los mensajeros.

Cuando estuvieron en presencia de los Señores, estaban todos aguardando.

—¿Se ha terminado eso?, preguntó Hun-Camé.

—Todo está concluido, Señores. Aquí está el corazón en el fondo de la jícara.

—Muy bien. Veamos, exclamó Hun-Camé. Y tomándolo con los dedos lo levantó, rompió la corteza y comenzó a derramarse la sangre de vivo color rojo.

—Aticen bien el fuego y pónganlo sobre las brasas, dijo Hun-Camé.

En seguida lo arrojaron al fuego y todos los de Xibalbá comenzaron a sentir el olor; ciertamente era muy dulce la fragancia de la sangre.

Y mientras ellos se quedaban pensativos, los búhos se marcharon, los servidores de la doncella remontaron el vuelo en bandada desde el abismo hacia la tierra y los cuatro se convirtieron en sus servidores.

Así fueron vencidos los Señores de Xibalbá. Fueron engañados todos por la doncella.

Capítulo IV

Ahora bien, Hunbatz y Hunchouén estaban con su abuela, que era como su madre, cuando llegó la mujer llamada Ixquic.

Cuando llegó Ixquic ante la abuela de Hunbatz y Hunchouén, llevaba a sus hijos en el vientre y faltaba poco para que nacieran Hunahpú e Ixbalanqué, que así fueron llamados.

Al llegar la mujer ante la anciana, le dijo: —He llegado, señora madre; yo soy su nuera y su hija. Así dijo cuando entró a la casa de la abuela.

—¿De dónde vienes tú? ¿En dónde están mis hijos? ¿Por desventura murieron en Xibalbá? ¿No ves a éstos que son su descendencia y linaje y que se llaman Hunbatz y Hunchouén? ¡Sal de aquí! ¡Vete!, gritó la vieja a la muchacha.

—Pero es verdad que soy su nuera; hace tiempo que lo soy. Pertenezco a Hun-Hunahpú. Él vive en lo que llevo; no ha muerto: volverá a mostrarse claramente, mi señora suegra. Y así, pronto verá su imagen en lo que traigo, le fue dicho a la vieja.

Entonces se enfurecieron Hunbatz y Hunchouén, que sólo se entretenían en tocar la flauta y cantar, en pintar y esculpir; en eso se pasaban todo el día y eran el consuelo de la vieja.

Habló luego la vieja y dijo:

—No quiero que tú seas mi nuera, porque lo que llevas en el vientre es fruto de tu deshonestidad. Además, eres una embustera: mis hijos de quienes hablas ya están muertos.

Luego agregó la abuela: —Esto que te digo es la pura verdad; pero en fin, está bien, tú eres mi nuera, según he oído. Ve, pues, a traer la comida para los que hay que alimentar. Ve a cosechar un costal grande de maíz y vuelve en seguida, puesto que eres mi nuera, según lo que oigo, le dijo a la muchacha.

—Muy bien, repitió la joven y se fue en seguida hacia la milpa que poseían Hunbatz y Hunchouén. El camino había sido señalado por ellos y la joven lo tomó; así llegó a la milpa; pero no encontró más que una mata de maíz; no había más. Y viendo que sólo había una mata con su espiga, el corazón de la muchacha se llenó de angustia.

—¡Ay, desgraciada de mí! ¿A dónde he de ir a conseguir un costal de maíz como me han ordenado?, exclamó. Y en seguida se puso a invocar al *Chahal*, guardián de la comida, para que llegara y se la llevara.

—¡*Ixtoh, Ixcanil, Ixcacau,* diosas del maíz; y tú *Chahal,* guardián de la comida de Hunbatz y Hunchouén!, dijo la muchacha. Y a continuación tomó las barbas, los pelos rojos de la mazorca y los arrancó, sin cortar la mazorca. Luego los metió en el costal como mazorcas de maíz y el costal se llenó completamente.

Regresó en seguida la joven; los animales del campo iban cargando el costal, y cuando llegaron, fueron a dejarlo a un rincón de la casa, como si ella lo hubiera llevado. Llegó entonces la vieja y en cuanto vio el maíz que había en el gran costal, exclamó:

—¿De dónde has traído todo este maíz? ¿Acabaste con nuestra milpa y te la has traído toda hacia acá? Iré a ver al instante, dijo la vieja, y se puso en camino para ver la milpa. Pero la única mata de maíz estaba allí todavía y también se veía el lugar donde había estado el costal junto a la mata. La vieja regresó entonces a toda prisa a su casa y dijo a la muchacha:

—Ésta es prueba suficiente de que realmente eres mi nuera. Veré ahora tus obras, aquellos que llevas en el vientre y que también son sabios, le dijo a la muchacha.

Capítulo V

Contaremos ahora el nacimiento de Hunahpú e Ixbalanqué. Aquí diremos, pues, cómo fue su nacimiento.

Cuando llegó el día de su nacimiento, la joven que se llamaba Ixquic dio a luz; pero la abuela no los vio cuando nacieron. Allá en el monte fueron dados a luz en un instante los dos muchachos llamados Hunahpú e Ixbalanqué.

Luego llegaron a la casa, pero no podían dormir.

—¡Ve a ponerlos afuera!, dijo la vieja, porque verdaderamente es mucho lo que gritan. Y en seguida fueron a ponerlos sobre un hormiguero. Allí durmieron tranquilamente. Luego los quitaron de ese lugar y los pusieron sobre las espinas.

❖ ❖ ❖

Ahora bien, lo que querían Hunbatz y Hunchouén era que murieran en el hormiguero o que murieran sobre las espinas. Así lo deseaban a causa del odio y de la envidia que por ellos sentían Hunbatz y Hunchouén.

Al principio se negaban a recibir en la casa a sus hermanos menores; no los conocían y por ello se criaron en el campo.

Hunbatz y Hunchouén eran grandes músicos y cantores; habían crecido en medio de muchos trabajos y necesidades y pasaron por muchas penas, pero llegaron a ser muy sabios. Eran flautistas, cantores, pintores y talladores; todo lo sabían hacer.

Tenían conciencia de su linaje y sabían también que eran los sucesores de sus padres, los que fueron a Xibalbá y murieron allá. Grandes sabios eran, pues, Hunbatz y Hunchouén y en su interior sabían todo lo relativo al linaje de sus hermanos menores. Sin embargo, no demostraban su sabiduría, por la envidia que les tenían, pues sus corazones estaban llenos de mala voluntad para ellos, sin que Hunahpú e Ixbalanqué los hubieran ofendido en nada.

Estos últimos se ocupaban solamente de tirar con cerbatana todos los días; no eran amados por la abuela ni por Hunbatz, ni por Hunchouén. No les daban de comer; solamente cuando ya estaba terminada la comida y habían comido Hunbatz y Hunchouén, entonces llegaban ellos. Pero no se enojaban, ni se impacientaban; sufrían calladamente, porque conocían su condición y se daban cuenta de todo con claridad. Traían sus pájaros cada día y Hunbatz y Hunchouén se los comían, sin dar nada a ninguno de los dos, Hunahpú e Ixbalanqué.

La única ocupación de Hunbatz y Hunchouén era tocar la flauta y cantar.

En una ocasión, Hunahpú e Ixbalanqué llegaron a la casa sin traer ningún pájaro y la abuela se enfureció.

—¿Por qué no trajeron pájaros?, les preguntó a Hunahpú e Ixbalanqué.

Y ellos contestaron: —Lo que sucede, abuela, es que nuestros pájaros se han quedado atorados en el árbol y nosotros no podemos subir a tomarlos, querida abuela. Si nuestros hermanos mayores quieren, pueden venir con nosotros y bajar los pájaros, dijeron.

—Está bien, contestaron los hermanos mayores, iremos con ustedes al amanecer.

Entonces entre los dos planearon la manera de vencer a Hunbatz y Hunchouén. —Solamente cambiaremos su naturaleza, su apariencia; así se cumplirá nuestra palabra, por los muchos sufrimientos que nos han causado. Ellos deseaban que nosotros, sus hermanos menores, muriéramos, que nos perdiéramos. En su interior nos consideran niños. Por esto los venceremos y les daremos un castigo. Así iban diciendo entre ellos mientras se dirigían al pie del árbol del cacao, llamado *Canté*. Iban acompañados de sus hermanos mayores y tirando con la cerbatana. Había pájaros que cantaban sobre el árbol, y sus hermanos mayores se admiraban de ver tantos, pues no era posible contarlos, pero ni uno solo caía al pie del árbol.

—Nuestros pájaros no caen al suelo. Vayan a bajarlos, les dijeron a sus hermanos mayores.

—Muy bien, contestaron éstos. Y en seguida subieron al árbol, pero éste aumentó de tamaño y su tronco se hinchó. Luego quisieron bajar Hunbatz y Hunchouén, pero ya no pudieron descender de la cúspide del árbol.

Entonces exclamaron desde lo alto: —¿Qué nos ha sucedido, hermanos nuestros? ¡Desdichados de nosotros! Este árbol nos causa espanto de sólo verlo, ¡oh hermanos nuestros!, dijeron desde la punta del árbol. Y Hunahpú e Ixbalanqué les contestaron: —Desaten sus taparrabos, átenlos debajo de su vientre, dejando largas las puntas y tirando de ellas por detrás; de ese modo podrán bajar fácilmente. Así les dijeron sus hermanos menores.

—Está bien, contestaron, tirando la punta de sus taparrabos, pero al instante éstos se convirtieron en colas y ellos tomaron la apariencia de monos. En seguida se fueron sobre las ramas de los árboles, por entre los montes grandes y pequeños y se internaron en el bosque, haciendo muecas y columpiándose en las ramas de los árboles.

Así fueron vencidos Hunbatz y Hunchouén por Hunahpú e Ixbalanqué; y sólo por arte de magia pudieron hacerlo.

Éstos regresaron a su casa y al llegar hablaron con su abuela y con su madre, diciéndoles: —¿Qué será, abuela, lo que les ha su-

47

❖ ❖ ❖

cedido a nuestros hermanos mayores, que de repente sus caras se volvieron como caras de animales? Así dijeron.

—Si ustedes les han hecho algún daño a sus hermanos, me harán desdichada y me llenarán de tristeza. No hagan semejante cosa a sus hermanos, ¡oh hijos míos!, dijo la vieja a Hunahpú e Ixbalanqué.

Y ellos le dijeron a su abuela:

—No te aflijas, abuela. Volverás a ver la cara de nuestros hermanos; ellos volverán, pero será una prueba difícil para ti, abuela. Y ten cuidado de no reírte. Y ahora, ¡a probar su suerte!, dijeron.

En seguida se pusieron a tocar la flauta, tocando la canción de *Hunahpú-Qoy*. Luego cantaron, tocaron la flauta y el tambor. Después sentaron junto a ellos a su abuela y siguieron tocando, llamando con la música y el canto, entonando la canción que se llama Hunahpú-Qoy.

Por fin llegaron Hunbatz y Hunchouén y al llegar se pusieron a bailar; pero cuando la vieja vio sus feos rostros se echó a reír, sin poder contener la risa, y ellos se fueron al instante y no se les volvió a ver la cara.

—¡Ya lo ves, abuela! Se han ido hacia el bosque. ¿Qué han hecho, abuela?, Sólo cuatro veces podemos hacer esta prueba y no quedan más que tres. Vamos a llamarlos con la flauta y con el canto, pero intenta contener la risa. ¡Que comience la prueba!, dijeron Hunahpú e Ixbalanqué.

En seguida se pusieron de nuevo a tocar. Hunbatz y Hunchouén volvieron bailando y haciendo monerías, llegaron hasta el centro del patio de la casa y provocaron la risa de su abuela hasta que ella soltó la carcajada. Realmente eran muy divertidos cuando llegaron con sus caras de mono, sus anchas posaderas, sus colas delgadas y su agujero del vientre; todo esto obligaba a la vieja a reírse.

Luego se fueron otra vez a los montes. Y Hunahpú e Ixbalanqué dijeron: —¿Y ahora qué hacemos, abuela? Por tercera vez probaremos.

Tocaron de nuevo la flauta y los monos volvieron bailando. La abuela contuvo la risa. Luego entraron en la cocina; sus ojos despedían una luz roja, alargaban sus hocicos y espantaban de las muecas que se hacían uno al otro.

En cuanto la abuela vio todo esto se echó a reír ruidosamente, y ya no se les volvieron a ver las caras, a causa de la risa de la vieja.

—Ya sólo esta vez los llamaremos, abuela, para que vengan acá por cuarta vez, dijeron los muchachos. Volvieron, pues, a tocar la flauta, pero ellos no regresaron, sino que se fueron a toda prisa hacia el bosque.

Los muchachos le dijeron a la abuela: —Hemos hecho todo lo posible, abuelita; primero vinieron, luego probamos llamarlos de nuevo. Pero no te aflijas, ¡oh, madre nuestra! ¡Oh, abuela nuestra! Aquí estamos nosotros, tus nietos; a nosotros debes vernos como el recuerdo de nuestros hermanos mayores, de aquellos que se llamaron Hunbatz y Hunchouén, dijeron Hunahpú e Ixbalanqué.

Aquéllos fueron invocados por los músicos y los cantores, por la gente antigua. Los invocaban también los pintores y los talladores en tiempos pasados. Pero fueron convertidos en animales y se volvieron monos porque se enojaron y maltrataron a sus hermanos.

De esta manera sufrieron sus corazones; así fue su pérdida, así se volvieron animales y fueron destruidos Hunbatz y Hunchouén, que habían vivido siempre en su casa; fueron músicos y cantores e hicieron también grandes cosas cuando vivían con la abuela, su madre.

Capítulo VI

Comenzaron entonces sus trabajos, para darse a conocer ante su abuela y ante su madre. Lo primero que harían era la milpa. Vamos a sembrar la milpa, abuela, dijeron. No te aflijas; aquí estamos nosotros, tus nietos, nosotros los que estamos en lugar de nuestros hermanos, dijeron Hunahpú e Ixbalanqué.

En seguida tomaron sus hachas, sus picos y sus azadones de palo y se fueron, llevando cada uno su cerbatana al hombro. Al salir de su casa, le encargaron a su abuela que les llevara su comida.

—A mediodía nos traerás la comida, abuela, le dijeron.

—Está bien, nietos míos, contestó la vieja.

Poco después llegaron al lugar de la siembra. Y al hundir el azadón en la tierra, el azadón labraba la tierra por sí solo.

De la misma manera clavaban el hacha en el tronco de los árboles y en sus ramas y al punto caían y quedaban tendidos en el suelo todos los árboles y ramas. Rápidamente caían los árboles, cortados de un solo hachazo.

Lo que había arrancado el azadón era mucho también. No se podían contar las zarzas ni las espinas que habían cortado con un solo golpe del azadón. Tampoco era posible calcular lo que habían arrancado y derribado en todos los montes grandes y pequeños.

Y habiendo aleccionado a una tórtola llamada *Ixmucur*, la hicieron subir a la punta de un gran tronco y Hunahpú e Ixbalanqué le dijeron: —Cuando venga nuestra abuela a traernos la comida, comienza a cantar y al instante nosotros empuñaremos la azada y el hacha.

—Está bien, contestó Ixmucur.

En seguida se pusieron a tirar con la cerbatana; ciertamente no hacían ningún trabajo de labranza.

Poco después cantó la paloma e inmediatamente corrió uno a tomar la azada y el otro el hacha. Uno se cubrió de tierra las manos intencionalmente y se ensució también la cara como un verdadero labrador, y el otro adrede se echó astillas de madera sobre la cabeza como si efectivamente hubiera estado cortando los árboles.

Así fueron vistos por su abuela. En seguida comieron, pero realmente no habían hecho trabajos de labranza y, sin merecerla, les dieron su comida. Luego se fueron a su casa. —Estamos verdaderamente cansados, abuela, dijeron al llegar, estirando sin motivo las piernas y los brazos ante su abuela.

Regresaron al día siguiente, y al llegar al campo encontraron que se habían vuelto a levantar todos los árboles y ramas y que todas las zarzas y espinas se habían vuelto a unir y enlazar entre sí.

—¿Quién nos ha hecho este daño?, dijeron. Sin duda lo han hecho todos los animales pequeños y grandes, el león, el tigre, el venado, el conejo, el gato de monte, el coyote, el jabalí, los pájaros chicos, los pájaros grandes; ellos fueron los que lo hicieron y en una sola noche lo ejecutaron.

En seguida comenzaron de nuevo a preparar el campo y a arreglar la tierra y los árboles cortados. Luego hablaron acerca de lo que harían con los palos cortados y las hierbas arrancadas.

—Ahora velaremos nuestra milpa; tal vez podamos sorprender al que viene a hacer todo este daño, dijeron entre sí. Y a continuación regresaron a la casa.

—Abuela, se han burlado de nosotros, ¿qué te parece? Nuestro campo, que habíamos labrado, se volvió un gran bosque espeso. Así lo encontramos cuando llegamos hace un rato, le dijeron a su abuela. Pero volveremos allá y velaremos, porque no es justo que nos hagan esas cosas, dijeron.

Luego se vistieron y en seguida se fueron de nuevo a su campo de árboles cortados y allí se escondieron en la sombra.

Se reunieron entonces todos los animales, uno de cada especie, llegó cada uno de los demás animales chicos y grandes. Era media noche en punto cuando llegaron hablando todos y diciendo en sus lenguas: "¡Levántense, árboles! ¡Levántense, ramas!"

Esto decían cuando llegaron y se agruparon bajo los árboles y las ramas. Se fueron acercando hasta aparecer ante los ojos de Hunahpú e Ixbalanqué.

Los primeros eran el león y el tigre; quisieron atraparlos, pero no se dejaron. Luego se acercaron al venado y al conejo, pero sólo les pudieron agarrar las colas y se las arrancaron. Las colas les quedaron entre las manos y por esta razón el venado y el conejo tienen las colas cortas.

El gato de monte, el coyote y el jabalí tampoco se entregaron. Todos los animales pasaron frente a Hunahpú e Ixbalanqué, que tenían los corazones ardiendo de rabia porque no los podían atrapar.

Pero, por último, otro llegó dando saltos y a éste, que era el ratón, al instante lo atraparon y lo envolvieron en una tela. Y luego de que lo atraparon, le apretaron la cabeza queriéndolo ahogar y le quemaron la cola en el fuego, de donde viene que la cola del ratón no tiene pelo; y así también le quisieron pegar en los ojos los dos muchachos Hunahpú e Ixbalanqué.

Y dijo el ratón: —Yo no debo morir en sus manos. Y su oficio tampoco es el de sembrar la milpa.

—¿Qué nos cuentas tú ahora?, le preguntaron los muchachos al ratón.

—Suéltenme un poco, que tengo algo que decirles y se los diré en seguida, pero antes denme algo de comer, dijo el ratón.

—Después te daremos tu comida, pero habla primero, le contestaron.

—Está bien. Ahora sabrán que los bienes de sus así llamados padres, Hun-Hunahpú y Vucub-Hunahpú, aquellos que murieron en Xibalbá, o sea los instrumentos con que jugaban, han quedado colgados en el techo de la casa: el anillo, los guantes y la pelota. Sin embargo, su abuela no se los quiere enseñar porque a causa de ellos murieron sus padres.

—¿Lo sabes con certeza?, le dijeron los muchachos al ratón. Y sus corazones se alegraron mucho cuando oyeron la noticia de la pelota de goma. Y como ya había hablado el ratón, le dieron su comida al ratón.

—Ésta será tu comida: el maíz, las pepitas de chile, el frijol, el cacao; todo esto te pertenece, y si hay algo que esté guardado u olvidado, también será tuyo, ¡cómelo!, le fue dicho al ratón por Hunahpú e Ixbalanqué.

—Magnífico, muchachos, dijo aquél; pero ¿qué le diré a su abuela si me ve?

—No tengas miedo, porque nosotros estamos aquí y sabremos lo que hay que decirle a nuestra abuela. ¡Vamos!, lleguemos pronto a esa esquina de la casa, llega pronto a donde están esas cosas colgadas; nosotros estaremos mirando al desván de la casa y atendiendo únicamente a nuestra comida, le dijeron al ratón.

Y habiéndolo planeado así durante la noche, después de consultarlo entre sí, Hunahpú e Ixbalanqué llegaron a mediodía. Cuando llegaron llevaban consigo al ratón, pero no lo enseñaban; uno de ellos entró directamente a la casa y el otro se acercó a la esquina y allí al instante hizo subir al ratón.

En seguida pidieron su comida a su abuela. —Prepara nuestra comida, queremos un mole, abuela, dijeron. Y al punto les preparó la comida y les puso delante un plato de caldo.

Pero esto era sólo para engañar a su abuela. Y habiendo hecho que se acabara el agua que había en la tinaja: —Verdaderamente nos estamos muriendo de sed; ve a traernos de beber, le dijeron a su abuela.

—Bueno, contestó ella y se fue. Entonces se pusieron a comer, pero la verdad es que no tenían hambre; sólo era un engaño lo que hacían. Vieron entonces reflejado en su plato de chile cómo el ratón se dirigía rápidamente hacia la pelota que estaba colgada en el techo de la casa. Al ver esto en su mole, mandaron al animal llamado *Xan*, que es como un mosquito, el cual fue al río y perforó la pared del cántaro de la abuela, y aunque ella trató de contener el agua que se salía, no pudo cerrar la picadura hecha en el cántaro.

—¿Qué le pasa a nuestra abuela? Tenemos seca la boca por falta de agua, nos estamos muriendo de sed, le dijeron a su madre y la mandaron fuera. En seguida fue el ratón a cortar la cuerda que sostenía la pelota, que cayó del techo de la casa junto con el anillo, los guantes y los cueros. Se apoderaron de ellos los muchachos y al instante corrieron a esconderlos en el camino que conducía al juego de la pelota.

Después de esto se encaminaron al río, a reunirse con su abuela y su madre, que estaban atareadas tratando de tapar el agujero del cántaro. Y llegando cada uno con su cerbatana, dijeron cuando llegaron al río: —¿Qué están haciendo? Nos cansamos de esperar y vinimos, les dijeron.

—Miren el agujero de mi cántaro que no se puede tapar, dijo la abuela. Al instante lo taparon y juntos regresaron, marchando ellos delante de su abuela.

Y así fue el hallazgo de la pelota.

❖ ❖ ❖

Capítulo VII

Muy contentos se fueron a jugar al patio del juego de pelota; estuvieron jugando solos largo tiempo y limpiaron el patio donde jugaban sus padres.

Y oyéndolos, los Señores de Xibalbá dijeron: —¿Quiénes son esos que vuelven a jugar sobre nuestras cabezas y que nos molestan con el alboroto que hacen? ¿Acaso no murieron Hun-Hunahpú y Vucub-Hunahpú, aquellos que se quisieron engrandecer ante nosotros? ¡Vayan a llamarlos al instante!

Así dijeron Hun-Camé, Vucub-Camé y todos los Señores. Y mandándolos llamar dijeron a sus mensajeros: —Vayan y díganles cuando lleguen allá: "Los Señores han dicho que vengan; aquí deseamos jugar a la pelota, dentro de siete días queremos jugar; así dijeron los Señores, díganles cuando lleguen", fue la orden que dieron a los mensajeros. Y éstos vinieron entonces por el camino ancho que conducía directamente a casa de los muchachos; por él llegaron los mensajeros directamente ante la abuela de aquéllos. Estaba comiendo cuando llegaron los mensajeros de Xibalbá.

—Que vengan, con seguridad, dicen los Señores, expresaron los mensajeros de Xibalbá. Y señalaron el día: —Dentro de siete días los esperan, le dijeron a Ixmucané.

—Está bien, mensajeros, ellos llegarán, respondió la vieja. Y los mensajeros se fueron de regreso.

Entonces el corazón de la vieja se llenó de angustia. ¿A quién mandaré que vaya a llamar a mis nietos? ¿No fue de esta misma manera como vinieron los mensajeros de Xibalbá en ocasión pasada, cuando vinieron a llevarse a sus padres?, dijo su abuela, entrando sola y afligida a su casa.

Y en seguida le cayó un piojo en la falda. Lo tomó y se lo puso en la palma de la mano, y el piojo se movió y echó a andar.

—Hijo mío, ¿te gustaría que te mandara a que fueras a llamar a mis nietos al juego de pelota?, le dijo al piojo. "Han llegado mensajeros ante su abuela", dirás; "que vengan dentro de siete días, dicen los mensajeros de Xibalbá; así lo manda decir su abuela", le manifestó ella al piojo.

Al momento el piojo se fue balanceándose. Y estaba sentado en el camino un muchacho llamado *Tamazul,* o sea, el sapo.

—¿A dónde vas?, le dijo el sapo al piojo.

—Llevo un mandado en mi vientre, voy a buscar a los muchachos, le contestó el piojo a Tamazul.

—Está bien, pero veo que no te das prisa, le dijo el sapo al piojo. ¿No quieres que te trague? Ya verás cómo corro, y así llegaremos rápidamente.

—Muy bien, le contestó el piojo al sapo. En seguida se lo tragó el sapo. Y el sapo caminó mucho tiempo, pero sin apresurarse. Luego encontró a su vez una gran culebra, que se llamaba *Zaquicaz.*

—¿A dónde vas, joven Tamazul?, le dijo al sapo Zaquicaz.

—Voy de mensajero, llevo un mandado en mi vientre, le dijo el sapo a la culebra.

—Veo que no caminas aprisa. ¿No llegaría yo más pronto?, le dijo la culebra al sapo. —¡Ven acá!, dijo. En seguida Zaquicaz se tragó al sapo. Y desde entonces ésta fue la comida de las culebras, que todavía hoy se tragan a los sapos.

La culebra iba aprisa y habiéndola encontrado el *Vac,* que es un pájaro grande, al instante este gavilán se tragó a la culebra. Poco después llegó al juego de pelota. Desde entonces ésta fue la comida de los gavilanes, que devoran a las culebras en los campos.

Al llegar, el gavilán se paró sobre la parte superior del juego de pelota, donde Hunahpú e Ixbalanqué se divertían jugando. Al llegar, el gavilán se puso a gritar: ¡*Vac-có!* ¡*Vac-có!* [¡Aquí está el gavilán!], decía en su graznido. ¡Aquí está el gavilán!

—¿Quién está gritando? ¡Vengan nuestras cerbatanas!, exclamaron. Y tirándole en seguida al gavilán, dirigieron el disparo a la niña del ojo, y se vino al suelo dando vueltas. Corrieron a recogerlo y le preguntaron al gavilán: —¿Qué vienes a hacer aquí?

—Traigo un mensaje en mi vientre. Cúrenme primero el ojo y después les diré, contestó el gavilán.

❖ ❖ ❖

—Muy bien, dijeron ellos, y sacando un poco de la goma de la pelota con que jugaban, se la pusieron en el ojo al gavilán. *Lotzquic* le llamaron ellos y al instante quedó curada perfectamente la vista del gavilán.

—Habla, pues, dijeron al gavilán. Y en seguida vomitó una gran culebra.

—Habla tú, le dijeron a la culebra.

—Bueno, dijo ésta y vomitó al sapo.

—¿Dónde está tu mandado que anunciabas?, le preguntaron al sapo.

—Aquí está el mandado en mi vientre, contestó el sapo. Y en seguida hizo esfuerzos, pero no pudo vomitar; solamente se le llenaba la boca como de saliva, y no le venía el vómito. Los muchachos ya querían pegarle.

—Eres un mentiroso, le dijeron, dándole patadas en el trasero, y el hueso del anca le bajó a las piernas. Probó de nuevo, pero sólo la baba le llenaba la boca. Entonces los muchachos le abrieron la boca al sapo y una vez abierta buscaron dentro. El piojo estaba pegado a los dientes del sapo; en la boca se había quedado, no lo había tragado, sólo había hecho como que se lo tragaba. Así quedó burlado el sapo y no se conoce la clase de comida que le dan; no puede correr y se volvió comida de culebras.

—¡Habla!, le dijeron al piojo, y entonces dijo el mandado: —Muchachos, su abuela ha dicho: "Ve a llamarlos; han venido mensajeros de Hun-Camé y Vucub-Camé para que vayan a Xibalbá. Han dicho: 'Que vengan acá dentro de siete días para jugar a la pelota con nosotros, que traigan también sus instrumentos de juego, la pelota, los anillos, los guantes, los cueros, para que se diviertan aquí', dicen los Señores". Por eso yo he venido. Porque su abuela de verdad dice esto y llora y se lamenta, por eso he venido.

—¿Será cierto?, dijeron los muchachos para sus adentros cuando oyeron esto. Y yéndose al instante llegaron al lado de su abuela; sólo fueron a despedirse de ella.

—Nos vamos, abuela, solamente venimos a despedirnos. Pero ahí queda la señal que dejamos de nuestra suerte: cada uno de nosotros sembraremos una caña en medio de nuestra casa: si se secan, ésa será la señal de nuestra muerte. ¡Muertos son!, dirás, si llegan a secarse. Pero si retoñan: ¡Están vivos!, dirás, ¡oh abuela! Y tú, madre, no llores, que ahí te dejamos la señal de nuestra suerte, dijeron.

Y antes de irse, sembró una caña Hunahpú y otra Ixbalanqué; las sembraron en la casa y no en el campo, ni tampoco en tierra húmeda, sino en tierra seca; en medio de su casa las dejaron sembradas.

Capítulo VIII

Entonces se marcharon, llevando cada uno su cerbatana, y fueron bajando en dirección a Xibalbá. Bajaron rápidamente los escalones y pasaron entre varios ríos y barrancas. Pasaron entre unos pájaros que se llamaban *Molay*.

Pasaron también por un río de pus y por un río de sangre, donde debían ser destruidos según pensaban los de Xibalbá; pero no los tocaron con sus pies, sino que los atravesaron sobre sus cerbatanas.

Salieron de allí y llegaron a una encrucijada de cuatro caminos. Ellos sabían muy bien cuáles eran los caminos de Xibalbá: el camino negro, el camino blanco, el camino rojo y el camino verde. Así, pues, mandaron a un animal llamado *Xan*. Éste debía ir a recoger las noticias que lo enviaban a buscar. —Pícalos uno por uno; primero pica al que está sentado en primer término y acaba picándolos a todos, pues ésa es la parte que te corresponde, chupar la sangre de los hombres en los caminos, le dijeron al mosquito.

—Muy bien, contestó el mosquito. Y en seguida se internó por el camino negro y se fue directamente hacia los muñecos de palo que estaban sentados y cubiertos de adornos. Picó al primero, pero éste no habló; luego picó al segundo que estaba sentado, pero éste tampoco habló.

Picó después al tercero de los que estaban sentados, que era Hun-Camé. —¡Ay!, dijo cuando lo picaron.

—¿Qué es eso, Hun-Camé? ¿Qué es lo que te ha picado? ¿No sabes quién te ha picado?, preguntó el cuarto de los Señores que estaban sentados.

—¿Qué hay, Vucub-Camé? ¿Qué te ha picado?, preguntó el quinto sentado.

—¡Ay! ¡Ay!, dijo entonces Xiquiripat. Y Vucub-Camé le preguntó: —¿Qué te ha picado? Y el sexto que estaba sentado dijo cuando lo picaron: —¡Ay!

—¿Qué es eso, Cuchumaquic?, le preguntó Xiquiripat. ¿Qué es lo que te ha picado? Y dijo el séptimo sentado cuando lo picaron: —¡Ay!

—¿Qué hay, Ahalpuh?, le dijo Cuchumaquic. ¿Qué te ha picado? Y dijo, cuando lo picaron, el octavo de los sentados: —¡Ay!

—¿Qué es eso, Chamiabac?, le preguntó Ahalpuh. ¿Qué te ha picado? Y dijo, cuando lo picaron, el noveno de los sentados: —¡Ay!

—¿Qué es eso, Ahalcaná?, le preguntó Chamiabac. ¿Qué te ha picado? Y dijo, cuando lo picaron, el décimo de los sentados: —¡Ay!

—¿Qué pasa, Chamiaholom?, preguntó Ahalcaná. ¿Qué te ha picado? Y dijo el undécimo sentado cuando lo picaron: —¡Ay!

—¿Qué sucede?, le preguntaron a Chamiaholom. ¿Qué te ha picado? Y dijo el duodécimo de los sentados cuando lo picaron: —¡Ay!

—¿Qué es eso, Patán?, le preguntaron. ¿Qué te ha picado? Y dijo el decimotercero de los sentados cuando lo picaron: —¡Ay!

—¿Qué pasa, Quicxic?, le preguntó Patán. ¿Qué te ha picado? Y dijo el decimocuarto de los sentados cuando a su vez lo picaron: —¡Ay!

—¿Qué te ha picado, Quicrixcac?, le preguntó Quicré.

Así fue la declaración de sus nombres, que fueron diciéndose todos los unos a los otros; así se dieron a conocer al declarar sus nombres, llamándose uno a uno cada jefe. Y de esta manera dijo su nombre cada uno de los que estaban sentados en su rincón.

Ninguno de los nombres se perdió. Todos acabaron de decir su nombre cuando los picó un pelo que Hunahpú se arrancó de la pierna. En realidad, el que fue a oír los nombres de todos y los picó de parte de Hunahpú e Ixbalanqué no era un mosquito.

Los muchachos continuaron su camino y llegaron a donde estaban los de Xibalbá.

❖ ❖ ❖

—Saluden al Señor, al que está sentado, les dijo uno para engañarlos.

—Ése no es Señor, no es más que un muñeco de palo, dijeron, y siguieron adelante. En seguida comenzaron a saludar:

—¡Salud, Hun-Camé! ¡Salud, Vucub-Camé! ¡Salud, Xiquiripat! ¡Salud, Cuchumaquic! ¡Salud, Ahalpuh! ¡Salud, Ahalcaná! ¡Salud, Chamiabac! ¡Salud, Chamiaholom! ¡Salud, Quicxic! ¡Salud, Patán! ¡Salud, Quicré! ¡Salud, Quicrixcac!, dijeron llegando ante ellos. Y enseñando a todos la cara les dijeron sus nombres, sin que se les escapara el nombre de uno solo.

Pero lo que éstos deseaban era que no descubrieran sus nombres.

—Siéntense aquí, les dijeron, esperando que se sentaran en el asiento que les indicaban.

—Éste no es asiento para nosotros, sino sólo una piedra ardiente, dijeron Hunahpú e Ixbalanqué, y no pudieron vencerlos.

—Está bien, vayan a aquella casa, les dijeron. Y a continuación entraron en la Casa Oscura. Y allí tampoco fueron vencidos.

Capítulo IX

Ésta era la primera prueba de Xibalbá. Los de Xibalbá pensaban que al entrar allí los muchachos sería el principio de su derrota. Entraron pronto en la Casa Oscura; en seguida los mensajeros de Hun-Camé fueron a llevarles sus leños de pino encendidos y también llevaron a cada uno su cigarro.

—Éstos son sus leños de pino; devuelvan estos ocotes mañana al amanecer junto con los cigarros, y tráiganlos enteros, dice el Señor. Así hablaron los mensajeros cuando llegaron.

—Muy bien contestaron ellos. Pero, en realidad, no encendieron los leños de ocote, sino que pusieron una cosa roja en su lugar,

59

unas plumas de la cola de la guacamaya, que a los veladores les pareció que era ocote encendido. Y a los cigarros les pusieron luciérnagas en la punta.

Toda la noche los dieron por vencidos.

—Perdidos están, decían los guardianes. Pero el ocote no se había acabado y tenía la misma apariencia, y los cigarros no los habían encendido y tenían el mismo aspecto.

Fueron a dar parte a los Señores.

—¿Cómo ha sido esto? ¿De dónde han venido? ¿Quién los engendró? ¿Quién los dio a luz? En verdad hacen arder de ira nuestros corazones, porque no está bien lo que nos hacen. Sus caras son extrañas y extraña es su manera de conducirse, decían ellos entre sí.

Luego los mandaron a llamar todos los Señores.

—¡Ea! ¡Vamos a jugar a la pelota, muchachos!, les dijeron. Al mismo tiempo fueron interrogados por Hun-Camé y Vucub-Camé.

—¿De dónde vienen? ¡Cuéntenos, muchachos!, les dijeron los de Xibalbá.

—¡Quién sabe de dónde venimos! Nosotros lo ignoramos, dijeron únicamente y no hablaron más.

—Está bien. Vamos a jugar a la pelota, muchachos, les dijeron los de Xibalbá.

—Bueno, contestaron.

—Usaremos esta nuestra pelota, dijeron los de Xibalbá.

—De ninguna manera usarán ésa, sino la nuestra, contestaron los muchachos.

—Ésa no, sino la nuestra será la que usaremos, dijeron los de Xibalbá.

—Está bien, dijeron los muchachos.

—Vayan por un gusano *chil,* dijeron los de Xibalbá.

—Eso no, sino que hablará la cabeza del león, dijeron los muchachos.

—Eso no, dijeron los de Xibalbá.

—Está bien, dijo Hunahpú.

Entonces los de Xibalbá arrojaron la pelota, la lanzaron directamente al anillo de Hunahpú. En seguida, mientras los de Xibalbá echaban mano del cuchillo de pedernal, la pelota rebotó y se fue saltando por todo el suelo del juego de pelota.

—¿Qué es esto?, exclamaron Hunahpú e Ixbalanqué. ¿Nos quieren dar muerte? ¿Acaso no nos mandaron llamar? ¿No vinieron sus propios mensajeros? En verdad, ¡desdichados de nosotros! Nos marcharemos en seguida, les dijeron los muchachos.

Eso era precisamente lo que querían que les pasara a los muchachos, que murieran inmediatamente y allí mismo en el juego de pelota y que así fueran vencidos. Pero no fue así y fueron los de Xibalbá los que salieron vencidos por los muchachos.

—No se vayan, muchachos, sigamos jugando a la pelota, ahora usaremos la suya, les dijeron a los muchachos.

—Está bien, contestaron, y entonces metieron la pelota en el anillo de los de Xibalbá, con lo cual terminó la partida.

Y lastimados por su derrota dijeron en seguida los de Xibalbá:

—¿Cómo haremos para vencerlos? Y dirigiéndose a los muchachos les dijeron: —Vayan a juntar y a traernos temprano cuatro jícaras de flores. Así dijeron los de Xibalbá a los muchachos.

—Muy bien. ¿Y qué clase de flores?, les preguntaron los muchachos a los de Xibalbá.

—Un ramo de chipilín colorado, un ramo de chipilín blanco, un ramo de chipilín amarillo y un ramo de *Carinimac*, dijeron los de Xibalbá.

—Está bien, dijeron los muchachos.

Así terminó la plática; igualmente fuertes y enérgicas eran las palabras de los muchachos. Y sus corazones estaban tranquilos cuando se entregaron los muchachos para que los vencieran.

Los de Xibalbá estaban felices pensando que ya los habían vencido.

—Esto nos ha salido bien. Primero tienen que cortarlas, dijeron los de Xibalbá. —¿A dónde irán a traer las flores?, decían en sus adentros.

—Con seguridad nos darán mañana temprano nuestras flores; vayan, pues, a cortarlas, les dijeron a Hunahpú e Ixbalanqué los de Xibalbá.

—Está bien, contestaron. De madrugada jugaremos de nuevo a la pelota, dijeron y se despidieron.

Y en seguida entraron los muchachos en la Casa de las Navajas, el segundo lugar de tormento de Xibalbá. Y lo que deseaban los Señores era que fueran despedazados por las navajas y fueran muertos rápidamente; así lo deseaban sus corazones.

Pero no murieron. Les hablaron en seguida a las navajas y les advirtieron:

—Suyas serán las carnes de todos los animales, les dijeron a los cuchillos. Y no se movieron más, sino que todas las navajas estuvieron quietas.

Así pasaron la noche en la Casa de las Navajas, y llamando a todas las hormigas, les dijeron: —Hormigas cortadoras, ¡vengan e inmediatamente vayan todas a traernos todas las clases de flores que hay que cortar para los Señores!

—Muy bien, dijeron ellas, y se fueron todas las hormigas a traer las flores de los jardines de Hun-Camé y Vucub-Camé.

Previamente los Señores les habían advertido a los guardianes de las flores de Xibalbá: —Tengan cuidado con nuestras flores, no dejen que los muchachos las roben porque las irán a cortar. Aunque, ¿cómo podrían ser vistas y cortadas por ellos? De ninguna manera. ¡Velen, pues, toda la noche!

—Está bien, contestaron. Pero nada sintieron los guardianes del jardín. Inútilmente lanzaban sus gritos mientras estaban en las ramas de los árboles del jardín. Allí estuvieron toda la noche, repitiendo sus mismos gritos y cantos.

—¡Ixpurpuvec! ¡ Ixpurpuvec!, decía uno en su grito.

—¡Puhuyú! ¡Puhuyú!, decía en su grito la lechuza.

Dos eran los guardianes del jardín de Hun-Camé y Vucub-Camé. Pero no sentían a las hormigas que les robaban lo que estaban cuidando; daban vueltas y se movían; subían a los árboles a cortar las flores y las recogían del suelo cuando caían.

Entretanto, los guardias seguían dando gritos y no sentían los dientes que les cortaban las colas y las alas.

Y así acarreaban entre los dientes las flores que bajaban, y al recogerlas se marchaban llevándolas con los dientes.

Pronto llenaron de flores las cuatro jícaras, y estaban húmedas de rocío cuando amaneció. En seguida llegaron los mensajeros para recogerlas. —Que vengan, ha dicho el Señor, y que traigan acá al instante lo que han cortado, les dijeron a los muchachos.

—Muy bien, contestaron. Y llevando las flores en las cuatro jícaras, se fueron, y cuando estuvieron en presencia del Señor y los demás Señores, daba gusto ver las flores que traían. Y de esta manera fueron vencidos los de Xibalbá.

Los muchachos habían enviado a cortar las flores a las hormigas, y en una noche las hormigas las cortaron y las pusieron en las jícaras.

Al instante palidecieron todos los de Xibalbá; se les pusieron blancos los rostros a causa de las flores. Luego mandaron llamar a los guardianes de las flores. —¿Por qué se han dejado robar nuestras flores? Éstas que aquí vemos son nuestras flores, les dijeron a los guardianes.

—No sentimos nada, Señor. Nuestras colas también han sufrido, contestaron. Y luego les rasgaron la boca en castigo por haberse dejado robar lo que estaba bajo su custodia. Desde entonces trae partida la boca la lechuza, y así rajada la tiene hoy.

Así fueron vencidos Hun-Camé y Vucub-Camé por Hunahpú e Ixbalanqué. Y éste fue el principio de sus obras.

En seguida bajaron a jugar a la pelota y quedaron también empatados. Luego acabaron de jugar y acordaron continuar a la madrugada siguiente. Así dijeron los de Xibalbá.

—Está bien, dijeron los muchachos al terminar.

Capítulo X

Entraron después en la Casa del Frío. No es posible describir el frío que hacía. La mansión del frío casa estaba llena de granizo. Pronto, sin embargo, se quitó el frío porque los muchachos lo hicieron desaparecer con troncos viejos.

Así es que no murieron; estaban vivos cuando amaneció. Ciertamente lo que querían los de Xibalbá era que murieran; pero no fue así, sino que cuando amaneció estaban llenos de salud, y salieron de nuevo cuando los fueron a buscar los mensajeros.

—¿Cómo es eso? ¿No han muerto todavía?, dijo el Señor de Xibalbá. Se admiraban de ver las obras de Hunahpú e Ixbalanqué.

Enseguida entraron en la Casa de los Tigres. La casa estaba llena de tigres. —¡No nos muerdan! Aquí está lo que les pertenece, les dijeron a los tigres. Y en seguida les arrojaron unos huesos a los animales y éstos se arrojaron sobre los huesos.

—¡Ahora sí se acabaron! Ya les comieron las entrañas. Al fin se han rendido. Ahora les están triturando los huesos. Así decían los guardias, alegres por este motivo.

Pero no murieron. Igualmente buenos y sanos salieron de la Casa de los Tigres.

—¿De qué raza son éstos? ¿De dónde han venido?, decían todos los de Xibalbá.

Luego entraron a una Casa de Fuego, donde sólo había fuego, pero no se quemaron. Sólo ardieron las brasas y la leña. Y también estaban sanos cuando amaneció. Pero lo que querían los de Xibalbá era que murieran allí dentro. Sin embargo, no sucedió así, con lo cual se descorazonaron los de Xibalbá.

Entonces los pusieron en la Casa de los Murciélagos. Dentro de la casa de *Camazotz* no había más que murciélagos, un gran animal que utilizaba para matar una punta seca, y al instante perecían los que llegaban a su presencia.

Estaban, pues, allí dentro, pero durmieron dentro de sus cerbatanas. Y no fueron mordidos por los que estaban en la casa. Sin embargo, uno de ellos tuvo que hacer su aparición y por ello se rindió a causa de un Camazotz que vino del cielo.

Los murciélagos estuvieron reunidos toda la noche, hablando y revoloteando: *Quilitz, quilitz,* decían; así estuvieron diciendo toda la noche. Sin embargo, los murciélagos pararon un poco y ya no se movieron; estuvieron pegados a la punta de una de las cerbatanas.

Dijo entonces Ixbalanqué a Hunahpú: —¿Ya comenzará a amanecer?, mira tú.

—Tal vez sí, voy a ver, contestó éste.

Y como tenía muchas ganas de ver afuera de la boca de la cerbatana y quería ver si había amanecido, al instante le cortó la cabeza un Camazotz y el cuerpo de Hunahpú quedó decapitado.

Nuevamente preguntó Ixbalanqué: —¿No ha amanecido todavía? Pero Hunahpú no se movía. —¿A dónde se ha ido Hunahpú? ¿Qué es lo que has hecho? Pero no se movía y permanecía callado.

Entonces se sintió avergonzado Ixbalanqué y exclamó: —¡Desdichados de nosotros! Estamos completamente vencidos.

Fueron en seguida a colgar la cabeza sobre el juego de pelota por orden expresa de Hun-Camé y Vucub-Camé, y todos los de Xibalbá se alegraron por lo que había sucedido a la cabeza de Hunahpú.

Capítulo XI

En seguida Ixbalanqué llamó durante la noche a todos los animales pequeños y grandes, y en la madrugada les preguntó cuál era su comida.

—¿Cuál es la comida de cada uno de ustedes?, pues yo los he llamado para que escojan su comida, les dijo Ixbalanqué.

—Muy bien, contestaron. Y en seguida se fueron a tomar cada uno lo suyo y se marcharon todos juntos. Unos fueron a tomar las cosas podridas; otros fueron a recoger hierbas; otros fueron a juntar piedras. Otros fueron a recoger tierra. Variadas eran las comidas de los animales pequeños y de los grandes.

Detrás de ellos se había quedado la tortuga, la cual llegó balanceándose a tomar su comida. Y llegando al extremo del cuerpo, tomó la forma de la cabeza de Hunahpú y al instante le fueron labrados los ojos.

Muchos sabios llegaron entonces del cielo. El Corazón del Cielo, Huracán, acudió a volar sobre la Casa de los Murciélagos.

Y no fue fácil acabar de hacerle la cara, pero salió muy bien; la cabellera también tenía una hermosa apariencia, y asimismo pudo hablar.

Pero el horizonte se teñía de rojo porque ya iba a amanecer.

—¡Oscurece de nuevo, viejo!, le fue dicho al zopilote.

—Está bien, contestó el viejo, y al instante oscureció. "Ya oscureció el zopilote", dice ahora la gente.

Y así, durante la frescura del amanecer, comenzó su existencia.

—¿Estará bien?, preguntaron. ¿Saldrá parecido a Hunahpú?

—Está muy bien, contestaron. Y efectivamente, parecía de hueso la cabeza, pues se había transformado en una cabeza verdadera.

Luego hablaron entre sí y se pusieron de acuerdo: —Tú no juegues a la pelota; únicamente haz como que juegas; yo solo lo haré todo, le dijo Ixbalanqué.

En seguida le dio sus órdenes a un conejo: —Ve a colocarte sobre el juego de pelota; quédate allí entre los encinos, le fue dicho al conejo por Ixbalanqué; cuando te llegue la pelota sal corriendo inmediatamente y yo haré lo demás, estas instrucciones le fueron dadas al conejo durante la noche.

—¡Hemos triunfado! ¡Han labrado su propia ruina; se han entregado!, decían los Señores.

En seguida amaneció y los dos muchachos estaban buenos y sanos. Luego bajaron a jugar a la pelota. La cabeza de Hunahpú estaba colgada sobre el juego de pelota.

—Pégale a la pelota con la cabeza, le decían. De esta manera provocaban a Hunahpú. Pero no lo molestaban con esto, él no se daba por aludido.

Luego arrojaron la pelota los Señores de Xibalbá; la pelota iba rebotando derecho al anillo, pero Ixbalanqué la detuvo; le salió al encuentro y la pasó rápidamente por encima del juego de pelota y de un salto se dirigió hasta los árboles de encino.

El conejo salió al instante y se fue saltando; los de Xibalbá corrían persiguiéndolo. Iban haciendo ruido y gritando tras el conejo. Acabaron por irse todos los de Xibalbá.

En seguida se apoderó Ixbalanqué de la cabeza de Hunahpú; y fue a colocar la tortuga de nuevo sobre el juego de pelota. Y aquella cabeza parecía verdaderamente la cabeza de Hunahpú y los dos muchachos se pusieron muy contentos.

Corrieron, pues, los de Xibalbá a buscar la pelota y habiéndola encontrado entre las encinas, los llamaron, diciendo:

—Vengan acá. Aquí está la pelota, nosotros la encontramos, dijeron, y la tenían colgando.

Cuando regresaron los de Xibalbá exclamaron: —¿Qué es lo que vemos?

Luego comenzaron nuevamente a jugar. Tantos iguales hicieron ambas partes.

En seguida Ixbalanqué lanzó una piedra a la tortuga; ésta se vino al suelo, cayó en el patio del juego de pelota hecha mil pedazos como pepitas, delante de los Señores.

Y así fueron vencidos los Señores de Xibalbá por Hunahpú e Ixbalanqué. Grandes trabajos pasaron éstos, pero no murieron, a pesar de todo lo que les hicieron.

Capítulo XII

He aquí el relato de la muerte de Hunahpú e Ixbalanqué. Ahora contaremos la manera en que murieron.

Habiendo sido prevenidos de todos los sufrimientos que les querían imponer, no murieron por los tormentos de Xibalbá, ni fueron vencidos por todos los animales feroces que había en Xibalbá.

Mandaron llamar después a dos adivinos que eran como profetas; se llamaban *Xulú* y *Pacam*, y les dijeron:

❖ ❖ ❖

—Los Señores de Xibalbá les preguntarán acerca de nuestra muerte, que están planeando y preparando porque no hemos muerto, ni nos han podido vencer con sus tormentos, ni nos han atacado los animales. Tenemos el presentimiento en nuestro corazón de que usarán la hoguera para darnos muerte. Todos los de Xibalbá se han reunido, pero la verdad es que no moriremos. He aquí, pues, nuestras instrucciones sobre lo que deben decir:

—Si los vinieran a consultar acerca de nuestra muerte y de que seamos sacrificados, ¿qué dirán entonces ustedes, Xulú y Pacam? Si les preguntaran: "¿No será bueno arrojar sus huesos en el barranco?" "¡No conviene —dirán— porque resucitarán después!" Si les preguntaran: "¿No será bueno que los colguemos de los árboles?", contestarán: "De ninguna manera conviene, porque entonces también les volverán a ver las caras". Y cuando por tercera vez les pregunten: "¿Será bueno que arrojemos sus huesos al río?"; si así les fuera preguntado por ellos: "Así conviene que mueran —dirán—; luego conviene moler sus huesos en la piedra, como se muele la harina de maíz; que cada uno sea molido por separado; en seguida arrójenlos al río, allí donde brota la fuente, para que se vayan por todos los cerros pequeños y grandes." Así les responderán cuando pongan en práctica el plan que les hemos aconsejado, dijeron Hunahpú e Ixbalanqué. Y cuando se despidieron de ellos, ya tenían conocimiento de su muerte. Entonces los de Xibalbá hicieron una gran hoguera, una especie de horno y lo llenaron de ramas gruesas.

Luego llegaron los mensajeros que habían de acompañarlos, los mensajeros de Hun-Camé y de Vucub-Camé.

—"¡Que vengan! Vayan a buscar a los muchachos, vayan allá para que sepan que los vamos a quemar." Esto dijeron los Señores, ¡oh muchachos!, exclamaron los mensajeros.

—Está bien, contestaron. Y poniéndose rápidamente en camino, llegaron junto a la hoguera. Allí quisieron divertirse con ellos.

—¡Tomemos nuestro licor de chicha y volemos cuatro veces cada uno encima de la hoguera, muchachos!, les fue dicho por Hun-Camé.

—No traten de engañarnos, contestaron. ¿Acaso no tenemos conocimiento de nuestra muerte, ¡oh Señores!, y de que eso es lo que aquí nos espera? Y juntándose frente a frente, extendieron ambos los brazos, se inclinaron hacia el suelo, se lanzaron en la hoguera y así murieron los dos juntos.

Todos los de Xibalbá se llenaron de alegría y dando muchos gritos y silbidos, exclamaban: —¡Ahora sí los hemos vencido! ¡Por fin se han entregado!

En seguida llamaron a Xulú y Pacam, a quienes los muchachos habían aconsejado, y les preguntaron qué debían hacer con sus huesos, tal como ellos lo habían pronosticado. Los de Xibalbá molieron entonces sus huesos y fueron a arrojarlos al río. Pero éstos no fueron muy lejos, pues se asentaron en el fondo del agua, y se convirtieron en hermosos muchachos. Y cuando de nuevo se mostraron, tenían en verdad sus mismas caras.

Capítulo XIII

Al quinto día volvieron a aparecer y fueron vistos en el agua por la gente. Ambos tenían la apariencia de hombres-peces cuando los vieron los de Xibalbá, después de buscarlos por todo el río.

Al día siguiente se presentaron dos pobres, de rostro avejentado y aspecto miserable, vestidos de harapos, y su apariencia no los recomendaba. Así fueron vistos por los de Xibalbá.

Y era poca cosa lo que hacían. Solamente se ocupaban en bailar el baile del *Puhuy*, lechuza o chotacabra, el baile del *Cux*, comadreja y el del *Iboy*, armadillo, y bailaban también el *Ixtzul*, ciempiés, y el *Chitic*, andando sobre zancos.

Además, obraban muchos prodigios. Quemaban las casas como si de veras ardieran y al instante las volvían a su estado anterior. Muchos de los de Xibalbá los contemplaban con admiración.

Luego se despedazaban a sí mismos; se mataban el uno al otro; el primero se tendía como a quien habían matado, y al instante lo resucitaba el otro. Los de Xibalbá miraban con asombro todo lo que hacían. Esto lo ejecutaban como el principio de su triunfo sobre los de Xibalbá.

Llegó en seguida la noticia de sus bailes a oídos de los Señores Hun-Camé y Vucub-Camé. Al oírla exclamaron: —¿Quiénes son esos dos huérfanos? ¿Realmente les causan tanto placer?

—Ciertamente son muy hermosos sus bailes y todo lo que hacen, contestó el que había llevado la noticia a los Señores.

Contentos de oír esto, enviaron entonces a sus mensajeros a que los llamaran con halagos. —"Que vengan acá, que vengan para que veamos lo que hacen, que los admiremos y nos maravillen. Esto dicen los Señores." Así les dirán a ellos, les fue dicho a los mensajeros.

En seguida llegaron ante dos bailarines y les comunicaron la orden de los Señores.

—No queremos, contestaron, porque francamente nos da vergüenza. ¿Cómo no nos va a dar vergüenza presentarnos en la casa de los Señores con nuestra mala facha, nuestros ojos tan grandes y nuestra pobre apariencia? ¿No están viendo que no somos más que unos pobres bailarines? ¿Qué les diremos a nuestros compañeros de pobreza que han venido con nosotros y desean ver nuestros bailes y divertirse con ellos? ¿Acaso podríamos hacer lo mismo con los Señores? Así pues, no queremos ir, mensajeros, dijeron Hunahpú e Ixbalanqué.

Con el rostro abrumado de contrariedad y de pena se fueron al fin; pero en algunos momentos no querían caminar y los mensajeros tuvieron que pegarles varias veces en la cara cuando se dirigían a la residencia de los Señores.

Llegaron, pues, ante los Señores con aire tímido e inclinando la frente; llegaron arrodillándose, haciendo reverencias y humillándose. Se veían cansados, andrajosos, y cuando llegaron su aspecto era realmente de vagabundos.

Les preguntaron en seguida por su patria y por su pueblo; les preguntaron también por su madre y su padre.

—¿De dónde vienen?, les dijeron.

—No lo sabemos, señor. No conocemos la cara de nuestra madre ni la de nuestro padre: éramos pequeños cuando murieron, contestaron, y no dijeron una palabra más.

—Está bien. Ahora hagan sus juegos para que los admiremos. ¿Qué desean? Les daremos una recompensa, les dijeron.

—No queremos nada; pero verdaderamente tenemos mucho miedo, le dijeron al Señor.

—No se aflijan, no tengan miedo. ¡Bailen! Y hagan primero la parte en que se matan; quemen mi casa, hagan todo lo que saben. Nosotros los miraremos, pues eso es lo que desean nuestros corazones. Y después, para cuando se vayan, pobre gente, les daremos su recompensa, les dijeron.

Entonces dieron principio a sus cantos y a sus bailes. Todos los de Xibalbá llegaron y se juntaron para verlos. Luego representaron el baile del *Cux,* bailaron el *Puhuy* y bailaron el *Iboy.*

Y les dijo el Señor: —Despedacen a mi perro y luego que sea resucitado por ustedes, les dijo.

—Está bien, contestaron, y despedazaron al perro. En seguida lo resucitaron. Verdaderamente el perro estaba lleno de alegría cuando fue resucitado, y movía la cola cuando lo revivieron.

El Señor les dijo entonces: —¡Ahora quemen mi casa! Así les dijo. Al momento quemaron la casa del Señor, y aunque estaban juntos todos los Señores dentro de la casa, no se quemaron. Pronto volvió a quedar bien y ni un instante estuvo perdida la casa de Hun-Camé.

Todos los Señores se maravillaron y todos sus bailes les causaban mucho placer.

Luego les fue dicho por el Señor: —Ahora maten a un hombre, sacrifíquenlo, pero que no muera, dijeron.

—Muy bien, contestaron. Y en seguida tomaron a un hombre y lo sacrificaron, y levantando en alto el corazón de este hombre, lo pusieron a la vista de los Señores.

Hun-Camé y Vucub-Camé se maravillaron de nuevo. Un instante después fue resucitado el hombre por los muchachos y su corazón se alegró grandemente cuando fue resucitado.

Los Señores estaban asombrados. —¡Ahora sacrifíquense ustedes mismos para que lo veamos nosotros! ¡Nuestros corazones desean verdaderamente sus bailes!, dijeron los Señores.

—Muy bien, Señor, contestaron. Y a continuación se sacrificaron. Hunahpú fue sacrificado por Ixbalanqué; uno por uno sus brazos y sus piernas fueron cortados, su cabeza fue separada y llevada lejos, su corazón fue arrancado del pecho y arrojado sobre la hierba. Todos los Señores de Xibalbá estaban fascinados. Miraban con admiración y sólo uno estaba bailando, que era Ixbalanqué.

—¡Levántate!, dijo éste, y al instante volvió a la vida. Se alegraron mucho los jóvenes y los Señores se alegraron también. En verdad, lo que hacían alegraba el corazón de Hun-Camé y Vucub-Camé, que sentían como si ellos mismos estuvieran bailando.

Sus corazones se llenaron en seguida de deseo y ansiedad por los bailes de Hunahpú e Ixbalanqué. Dieron entonces sus órdenes Hun-Camé y Vucub-Camé.

—¡Hagan lo mismo con nosotros! ¡Sacrifíquennos!, dijeron. ¡Despedácennos uno por uno!, les dijeron Hun-Camé y Vucub-Camé a Hunahpú e Ixbalanqué.

—Está bien; después resucitarán. ¿Acaso no nos han traído para que los divirtamos a ustedes, los Señores, y a sus hijos y vasallos?, les dijeron a los Señores.

Y he aquí que primero sacrificaron al que era su jefe y Señor, el llamado Hun-Camé, rey de Xibalbá.

Y muerto Hun-Camé, se apoderaron de Vucub-Camé. Y no los resucitaron.

Los de Xibalbá emprendieron la fuga después de que vieron a los Señores muertos y sacrificados. En un instante fueron sacrificados los dos. Y esto se hizo para castigarlos. Rápidamente fue muerto el Señor Principal. Y no lo resucitaron.

Y un Señor se humilló entonces, presentándose ante los bailarines. No lo habían descubierto, ni encontrado. —¡Tengan piedad de mí!, dijo cuando se dio a conocer.

Huyeron todos los hijos y vasallos de Xibalbá a un gran barranco y se metieron todos en un hondo precipicio. Allí estaban amontonados cuando llegaron innumerables hormigas que los descubrieron y los desalojaron del barranco. De esta manera los sacaron al camino y cuando llegaron se entregaron todos, se arrodillaron y se humillaron afligidos.

Así fueron vencidos los Señores de Xibalbá. Sólo por un prodigio y por su transformación pudieron hacerlo los muchachos.

Capítulo XIV

En seguida dijeron sus nombres y se engrandecieron a sí mismos ante todos los de Xibalbá.

—Escuchen nuestros nombres. Les diremos también los nombres de nuestros padres. Nosotros somos Hunahpú e Ixbalanqué, éstos son nuestros nombres. Y nuestros padres son aquellos que mataron y que se llamaban Hun-Hunahpú y Vucub-Hunahpú. Nosotros, los que aquí ven, somos los vengadores de los dolores y sufrimientos de nuestros padres. Por eso nosotros sufrimos todos los males que les hicieron. En consecuencia, los acabaremos a todos ustedes, les daremos muerte y ninguno escapará, les dijeron.

Al instante cayeron de rodillas todos los de Xibalbá.

—¡Tengan misericordia de nosotros, Hunahpú e Ixbalanqué! Es cierto que pecamos contra sus padres, que están enterrados en Pucbal-Chah, dijeron.

—Está bien. Ésta es nuestra sentencia, la que les vamos a comunicar. Escúchenla todos ustedes los de Xibalbá:

"Puesto que ya no existe su gran poder ni su linaje y tampoco merecen misericordia, será rebajada la condición de su sangre. No será para ustedes el juego de pelota. Solamente se ocuparán de hacer cacharros, vasijas y piedras para moler maíz. Sólo los hijos de los bosques y del desierto hablarán con ustedes. Los hijos iluminados, los vasallos civilizados no les pertenecerán y se alejarán de su presencia. Los pecadores, los malos, los tristes, los desventurados, los que se entregan al vicio, ésos son los que los recibirán. Ya no se apoderarán repentinamente de los hombres y tendrán presente la humildad de su sangre. Así les dijeron a todos los de Xibalbá.

De esta manera comenzó su destrucción y comenzaron sus lamentos. No era mucho su poder antiguamente. Sólo les gustaba hacer el mal a los hombres en aquel tiempo. En verdad no tenían antes la condición de dioses. Además, sus caras horribles causaban espanto. Eran los Enemigos, los Búhos. Incitaban al mal, al pecado y a la discordia.

Eran también falsos de corazón, negros y blancos a la vez, envidiosos y tiranos, según contaban. Además, se pintaban y untaban la cara.

Así fue, pues, la pérdida de su grandeza y la decadencia de su imperio.

Y esto fue lo que hicieron Hunahpú e Ixbalanqué.

Mientras tanto, la abuela lloraba y se lamentaba frente a las cañas que ellos habían dejado sembradas. Las cañas retoñaron, luego se secaron cuando las quemaron en la hoguera; después retoñaron otra vez. Entonces la abuela encendió el fuego y quemó copal ante las cañas en memoria de sus nietos. Y el corazón de la abuela se llenó de alegría cuando las cañas retoñaron por segunda vez. Entonces fueron adoradas por la abuela y ésta las llamó el Centro de la Casa, *Nicah* se llamaron.

Cañas vivas en la tierra plana, *Cazam Ah Chatam Uleu* fue su nombre. Y fueron llamadas el centro de la Casa y el Centro, porque en medio de su casa sembraron ellos las cañas. Y se llamó Tierra Aplanada, Cañas Vivas en la Tierra Plana, a las cañas que sembraron. Y también las llamó Cañas Vivas porque retoñaron. Este nombre les fue dado por Ixmucané a las que dejaron sembradas Hunahpú e Ixbalanqué para que fueran recordados por su abuela.

Ahora bien, sus padres, los que murieron antiguamente, fueron Hun-Hunahpú y Vucub-Hunahpú. Ellos vieron también las caras de sus padres allá en Xibalbá y sus padres hablaron con sus descendientes, los que vencieron a los de Xibalbá.

Y he aquí cómo fueron honrados sus padres por ellos. Honraron a Vucub-Hunahpú; fueron a honrarlo a la Piedra de Sacrificio del juego de pelota. Buscaron allí hacer su cara, la boca, la nariz, los ojos, y también quisieron hacerle todo su ser. Encontraron su cuerpo, pero muy poco pudieron hacer. No pronunció su nombre. No pudo decirlo su boca.

Y he aquí cómo glorificaron la memoria de sus padres, a quienes habían dejado en la Piedra de Sacrificio del juego de pelota: "Ustedes serán invocados", les dijeron sus hijos cuando se fortaleció su corazón. "Serán los primeros en levantarse y serán los primeros adorados por los hijos iluminados, por los vasallos civilizados. Sus nombres no se perderán. ¡Así será!", dijeron a sus padres y se consoló su corazón. "Nosotros somos los vengadores de su muerte, de las penas y dolores que les causaron."

Así fue su despedida, cuando ya habían vencido a todos los de Xibalbá.

Luego subieron en medio de la luz y al instante se elevaron al cielo. A uno le tocó el Sol y al otro la Luna. Entonces se iluminó la bóveda del cielo y la faz de la Tierra. Y ellos viven en el cielo.

Entonces el montón de muchachos a quienes mató Zipacná subió también, y así se volvieron compañeros de aquéllos y se convirtieron en las estrellas del cielo.

TERCERA PARTE

Capítulo I

*H*e aquí el principio de cuando se decidió hacer al hombre y cuando se buscó lo que debía entrar en la carne del hombre.

Y dijeron los Progenitores, los Creadores y Formadores, que se llaman Tepeu y Gucumatz: "Ha llegado el tiempo del amanecer, de que se termine la obra y de que aparezcan los que nos han de sustentar y nutrir, los hijos iluminados, los vasallos civilizados; que aparezca el hombre, la humanidad, sobre la superficie de la Tierra". Así dijeron.

Llegaron, se juntaron y celebraron consejo en la oscuridad y en la noche; luego buscaron y discutieron, reflexionaron y pensaron. De esta manera salieron a luz claramente sus decisiones y encontraron y descubrieron lo que debía entrar en la carne del hombre.

Poco faltaba para que el Sol, la Luna y las estrellas aparecieran sobre los Creadores y Formadores.

De *Paxil*, de *Cayalá*, así llamados, vinieron las mazorcas amarillas y las blancas.

Éstos son los nombres de los animales que trajeron la comida: *Yac* (el gato de monte), *Utiú* (el coyote), *Quel* (una cotorra vulgarmente llamada chocoyo) y *Hoh* (el cuervo). Estos cuatro animales les dieron la noticia de las mazorcas amarillas y las blancas, les dijeron que fueran a Paxil y les enseñaron el camino de Paxil.

Y así encontraron la comida y ésta fue la que entró en la carne del hombre creado, del hombre formado; ésta fue su sangre, de ésta se hizo la sangre del hombre. Así entró el maíz en la formación del hombre por obra de los Progenitores.

Y de esta manera se llenaron de alegría, porque habían descubierto una hermosa tierra, llena de deleites, abundante en mazorcas amarillas y mazorcas blancas, abundante también en cacao y en innumerables zapotes, guanábanas, tejocotes, nances y miel. Abundancia de sabrosos alimentos había en aquel pueblo llamado Paxil y Cayalá.

Había alimentos de todas clases, alimentos pequeños y grandes, plantas pequeñas y grandes. Los animales enseñaron el camino. Y moliendo entonces las mazorcas amarillas y las blancas, hizo Ixmucané nueve bebidas, y de este alimento provinieron la fuerza y la gordura y con él crearon los músculos y el vigor del hombre. Esto hicieron los Progenitores, Tepeu y Gucumatz, así llamados.

A continuación entraron en pláticas acerca de la creación y la formación de nuestra primera madre y padre. De maíz amarillo y de maíz blanco se hizo su carne; de masa de maíz se hicieron los brazos y las piernas del hombre. Únicamente masa de maíz entró en la carne de nuestros padres, los cuatro hombres que fueron creados.

Capítulo II

Éstos son los nombres de los primeros hombres que fueron creados y formados: el primer hombre fue *Balam-Quitzé*, el segundo *Balam-Acab*, el tercero *Mahucutah* y el cuarto *Iqui-Balam*.

Éstos son los nombres de nuestros primeros padres y madres.

Se dice que ellos sólo fueron hechos y formados, no tuvieron madre, no tuvieron padre. Solamente se les llamaba varones. No nacieron de mujer, ni fueron engendrados por el Creador y el Formador, por los Progenitores. Sólo por un prodigio, por obra de encantamiento fueron creados y formados por el Creador, el Formador, los Progenitores, Tepeu y Gucumatz. Y como tenían la apariencia de hombres, hombres fueron; hablaron, conversaron, vieron y oyeron, anduvieron, agarraban las cosas; eran buenos y hermosos y su figura era figura de varón.

Fueron dotados de inteligencia; vieron y al punto se extendió su vista, alcanzaron a ver, alcanzaron a conocer todo lo que hay en el mundo. Cuando miraban, al instante veían a su alrededor y contemplaban en torno a ellos la bóveda del cielo y la faz redonda de la Tierra.

Las cosas ocultas por la distancia las veían todas, sin tener que moverse; en seguida veían el mundo desde el lugar donde estuvieran.

Grande era su sabiduría; su vista llegaba hasta los bosques, las rocas, los lagos, los mares, las montañas y los valles. En verdad eran hombres admirables Balam-Quitzé, Balam-Acab, Mahucutah e Iqui-Balam.

Entonces el Creador y el Formador les preguntaron: —¿Qué piensan de su estado? ¿No miran? ¿No oyen? ¿No son buenos su lenguaje y su manera de andar? ¡Miren, pues! ¡Contemplen el mundo, vean si aparecen las montañas y los valles! ¡Intenten, pues, ver!, les dijeron.

Y en seguida acabaron de ver todo lo que había en el mundo. Luego dieron las gracias al Creador y al Formador: —¡En verdad te damos gracias dos y tres veces! Hemos sido creados, se nos ha dado una boca y una cara, hablamos, oímos, pensamos y andamos; sentimos perfectamente y conocemos lo que está lejos y lo que está cerca. Vemos también lo grande y lo pequeño en el cielo y en la tierra. Te damos gracias, pues, por habernos creado, ¡oh Creador y Formador!, por habernos dado el ser, ¡oh abuela nuestra!, ¡oh abuelo nuestro!, dijeron dando las gracias por su creación y formación.

❖ ❖ ❖

Acabaron de conocerlo todo y examinaron los cuatro rincones y los cuatro puntos de la bóveda del cielo y de la faz de la Tierra.

Pero el Creador y el Formador no oyeron esto con gusto.

—No está bien lo que dicen nuestras criaturas, nuestras obras; todo lo saben, lo grande y lo pequeño, dijeron. Y así celebraron consejo nuevamente los Progenitores: —¿Qué haremos ahora con ellos? ¡Que su vista sólo alcance a lo que está cerca, que sólo vean un poco de la faz de la Tierra! No está bien lo que dicen. ¿Acaso no son por su naturaleza simples criaturas y obras nuestras? ¿Han de ser ellos también dioses? ¿Y si procrean y se multiplican cuando amanezca, cuando salga el sol? ¿Y si no se propagan? Así dijeron.

—Frenemos un poco sus deseos, pues no está bien lo que vemos. ¿Acaso se han de igualar ellos a nosotros, sus autores, que podemos abarcar grandes distancias, que lo sabemos y vemos todo?

Esto dijeron el Corazón del Cielo, Huracán, Chipi-Caculhá, Raxa-Caculhá, Tepeu, Gucumatz, los Progenitores, Ixpiyacoc, Ixmucané, el Creador y el Formador. Así hablaron y en seguida cambiaron la naturaleza de sus obras, de sus criaturas.

Entonces el Corazón del Cielo les echó un vaho sobre los ojos, los cuales se empañaron como cuando se sopla sobre un espejo. Sus ojos se velaron y sólo pudieron ver lo que estaba cerca, sólo esto era claro para ellos.

Así fue destruida su sabiduría y todos los conocimientos de los cuatro hombres, origen y principio de la raza quiché.

Así fueron creados y formados nuestros abuelos, nuestros padres, por el Corazón del Cielo, el Corazón de la Tierra.

Capítulo III

Entonces fueron hechas también sus mujeres; existieron sus esposas. Dios mismo las hizo cuidadosamente. Y durante el sueño llegaron sus mujeres, verdaderamente hermosas, al lado de Balam-Quitzé, Balam-Acab, Mahucutah e Iqui-Balam.

Allí estaban sus mujeres cuando despertaron, y al instante se llenaron de alegría sus corazones a causa de sus esposas.

He aquí los nombres de sus mujeres: *Cahá-Paluna* era el nombre de la mujer de Balam-Quitzé; *Chomihá* se llamaba la mujer de Balam-Acab; *Tzununihá*, la mujer de Mahucutah; y *Caquixahá* era el nombre de la mujer de Iqui-Balam. Éstos son los nombres de sus mujeres, las cuales eran Señoras principales.

Ellos engendraron a los hombres, a las tribus pequeñas y a las tribus grandes, y fueron el origen de nosotros, la gente del Quiché. Muchos eran los sacerdotes y sacrificadores; no eran solamente cuatro, pero estos cuatro fueron los progenitores de nosotros la gente del Quiché.

Diferentes eran los nombres de cada uno cuando se multiplicaron allá en el Oriente, y muchos eran los nombres de la gente: *Tepeu, Olomán, Cohah, Quenech, Ahau,* que así se llamaban estos hombres allá en el Oriente, donde se multiplicaron.

Se conoce también el principio de los de *Tamub* y los de *Ilocab,* que vinieron juntos de allá del Oriente. Balam-Quitzé era el abuelo y el padre de las nueve casas grandes de los *Cavec;* Balam-Acab era el abuelo y padre de las nueve casas grandes de los *Nihaib;* Mahucutah, el abuelo y padre de las cuatro casas grandes de *Ahau-Quiché.*

Tres grupos de familias existieron; pero no olvidaron el nombre de su abuelo y padre, los que se propagaron y multiplicaron allá en el Oriente.

Vinieron también los Tamub y los Ilocab y trece ramas de pueblos, los trece de *Tecpán,* y los *Rabinales,* los *Cakchiqueles,* los de *Tziquinahá,* y los *Zacahá* y los *Lamaq, Cumatz, Tuhalhá, Uchabahá,* los de *Chumilahá,* los de *Quibahá,* los de *Batenabá, Acul-Vinac, Balamihá,* los *Canchaheles* y *Balam-Colob.*

Éstas son solamente las tribus principales, las ramas del pueblo que nosotros mencionamos; sólo de las principales hablaremos.

Muchas otras salieron de cada grupo del pueblo, pero no escribiremos sus nombres. Ellas también se multiplicaron allá en el Oriente.

Muchos hombres fueron hechos y en la oscuridad se multiplicaron. No habían nacido el Sol ni la luz cuando se multiplicaron. Juntos vivían todos, en gran número existían y andaban allá en el Oriente.

Sin embargo, no sustentaban ni mantenían a su Dios; solamente alzaban las caras al cielo y no sabían qué habían venido a hacer tan lejos.

Allí estuvieron en gran número los hombres negros y los hombres blancos, hombres de muchas clases, hombres de muchas lenguas, que causaba admiración oírlas.

Hay generaciones en el mundo, hay gentes salvajes a las que no se les ve la cara; no tienen casas, sólo andan por los montes pequeños y grandes, como locos. Así decían, despreciando a la gente del monte.

Así decían allá donde veían la salida del sol. Una misma era la lengua de todos. No invocaban la madera ni la piedra, y se acordaban de la palabra del Creador y Formador, del Corazón del Cielo, del Corazón de la Tierra.

Así hablaban y esperaban con inquietud la llegada de la aurora. Y elevaban sus ruegos, aquellos adoradores de la palabra de Dios, amantes, obedientes y temerosos, levantando las caras al cielo cuando pedían hijas e hijos:

—"¡Oh tú, Tzacol, Bitol! ¡Míranos, escúchanos! ¡No nos dejes, no nos desampares, oh Dios, que estás en el cielo y en la tierra, Corazón del Cielo, Corazón de la Tierra! ¡Danos nuestra descendencia, nuestra sucesión, mientras camine el sol y haya claridad! ¡Que amanezca, que llegue la aurora! ¡Danos muchos buenos caminos, caminos planos! ¡Que los pueblos tengan paz, mucha paz y sean felices; y danos buena vida y útil existencia! ¡Oh tú, Huracán, Chipi-Caculhá, Raxa-Caculhá, Chipi-Nanauac, Raxa-Nanauac, Voc, Hunahpú, Tepeu, Gucumatz, Alom, Qaholom, Ixpiyacoc, Ixmucané, abuela del sol, abuela de la luz! ¡Que amanezca y que llegue la aurora!

Así decían mientras veían e invocaban la salida del sol, la llegada de la aurora. Y al mismo tiempo que veían la salida del sol, contemplaban el lucero del alba, la gran estrella precursora del sol, que alumbra la bóveda del cielo y la superficie de la Tierra, e ilumina los pasos de los hombres creados y formados.

Capítulo IV

Balam-Quitzé, Balam-Acab, Mahucutah e Iqui-Balam dijeron: —Esperemos que amanezca. Así dijeron aquellos grandes sabios, los varones entendidos, los sacerdotes y sacrificadores. Esto dijeron.

Nuestras primeras madres y padres no tenían todavía ídolos de madera o piedra que custodiar, pero sus corazones estaban cansados de esperar el sol. Y ya eran muy numerosos todos los pueblos y la gente *yaqui*, los sacerdotes y sacrificadores.

—¡Vámonos, vamos a buscar y a ver si están guardados nuestros ídolos!, si encontramos lo que pondremos a arder ante ellos. Pues estando de esta manera no tenemos quién vele por nosotros, dijeron Balam-Quitzé, Balam-Acab, Mahucutah e Iqui-Balam.

Y habiendo llegado a sus oídos la noticia de una ciudad, se dirigieron hacia allá.

Ahora bien, el nombre del lugar a donde se dirigieron Balam-Quitzé, Balam-Acab, Mahucutah e Iqui-Balam y los de Tamub e Ilocab era *Tulán-Zuiva*, o *Vucub-Pec* o *Vucub-Ziván*. Éste era el nombre de la ciudad a donde fueron a recibir a sus dioses.

Así pues, llegaron todos a Tulán. No era posible contar a los hombres que llegaron; eran muchísimos y caminaban ordenadamente.

Fue entonces la salida de sus dioses; primero los de Balam-Quitzé, Balam-Acab, Mahucutah e Iqui-Balam, quienes se llenaron de alegría: —¡Por fin hemos encontrado lo que buscábamos!, dijeron.

❖   ❖   ❖

Y el primero que salió fue *Tohil,* que así se llamaba este dios, y lo sacó a cuestas en su jaula de madera Balam-Quitzé. En seguida sacaron al dios que se llamaba *Avilix,* a quien llevó Balam-Acab. Al dios que se llamaba *Hacavitz* lo llevaba Mahucutah, y al dios llamado *Nicahtacah* lo condujo Iqui-Balam.

Y junto con la gente del Quiché, lo recibieron también los de Tamub. Y asimismo Tohil fue el nombre del dios de los de Tamub, que recibieron al abuelo y padre de los Señores de Tamub que conocemos hoy en día.

En tercer lugar estaban los de Ilocab. Tohil era también el nombre del dios que recibieron los abuelos y los padres de los Señores a quienes igualmente conocemos ahora.

Así fueron llamadas las tres familias quichés y no se separaron porque era uno el nombre de su dios, Tohil de los Quichés, Tohil de los Tamub y de los Ilocab; uno solo era el nombre del dios, y por eso no se dividieron las tres familias quichés.

Grande era en verdad la naturaleza de los tres: Tohil, Avilix y Hacavitz.

Y entonces llegaron todos los pueblos, los de Rabinal, los Cakchiqueles, los de Tziquinahá y las gentes que ahora se llaman yaquis. Y allí fue donde se alteró el lenguaje de las tribus; sus lenguas volvieron diferentes. Ya no podían entenderse claramente entre sí después de haber llegado a Tulán. Allí también se separaron, algunas hubo que se fueron hacia el Oriente, pero muchas se vinieron hacia acá.

Y sus vestidos eran solamente pieles de animales; no tenían buenas ropas que ponerse, las pieles de animales eran su único atuendo. Eran pobres, nada poseían, pero su naturaleza era de hombres prodigiosos.

Cuando llegaron a Tulán-Zuiva, Vucub-Pec, Vucub-Ziván, dicen las antiguas tradiciones que habían caminado mucho para llegar a Tulán.

Capítulo V

❖ ❖ ❖

Y no tenían fuego. Solamente lo tenían los de Tohil. Éste era el dios de las tribus que fue el primero que creó el fuego. No se sabe cómo nació, porque ya estaba ardiendo el fuego cuando lo vieron Balam-Quitzé y Balam-Acab.

—¡Ay, nuestro fuego ya no existe! Moriremos de frío, dijeron. Entonces Tohil les contestó: —¡No se aflijan! Suyo será el fuego perdido de que hablan, les dijo entonces Tohil.

—¿De veras? ¡Oh Dios, nuestro sostén, nuestro mantenedor, tú, nuestro Dios!, dijeron, dándole sus agradecimientos.

Y Tohil les respondió: —Está bien, ciertamente yo soy su Dios; ¡que así sea! Yo soy su Señor; ¡que así sea! Así les fue dicho a los sacerdotes y sacrificadores por Tohil. Y así recibieron su fuego las tribus y se alegraron a causa del fuego.

En seguida comenzó a caer un gran aguacero, cuando ya estaba ardiendo el fuego de las tribus. Gran cantidad de granizo cayó sobre las cabezas de todas las tribus, y el fuego nuevamente se extinguió, su fuego se apagó a causa del granizo.

Entonces Balam-Quitzé y Balam-Acab pidieron otra vez su fuego a Tohil: —¡Ah, Tohil, verdaderamente nos morimos de frío!, le dijeron.

—Está bien, no se aflijan, contestó Tohil, y al instante sacó fuego, dando vueltas dentro de su zapato.

Balam-Quitzé, Balam-Acab, Mahucutah e Iqui-Balam se alegraron al instante y se calentaron en seguida.

Ahora bien, el fuego de los pueblos de Vucamag se había apagado igualmente, y se morían de frío.

En seguida llegaron a pedir su fuego a Balam-Quitzé, Balam-Acab, Mahucutah e Iqui-Balam. Ya no podían soportar el frío ni la helada; estaban temblando y dando diente con diente; ya no tenían vida; las piernas y las manos les temblaban y nada podían agarrar con ellas cuando llegaron.

—No nos causa vergüenza venir ante ustedes para pedirles que nos den un poco de su fuego, dijeron al llegar. Pero no fueron bien recibidos. Y entonces se llenó de tristeza el corazón de las tribus.

—El lenguaje de Balam-Quitzé, Balam-Acab, Mahucutah e Iqui-Balam es diferente. ¡Ay! ¡Hemos abandonado nuestra lengua! ¿Qué es lo que hemos hecho? Estamos perdidos. ¿En dónde fuimos engañados? Una sola era nuestra lengua cuando llegamos a Tulán; de una sola manera habíamos sido creados y educados. No está bien lo que hemos hecho, dijeron todas las tribus bajo los árboles y los bejucos.

Entonces se presentó un hombre ante Balam-Quitzé, Balam-Acab, Mahucutah e Iqui-Balam, y habló de esta manera el mensajero de Xibalbá: —Éste es, en verdad, su Dios; éste es su sustento; ésta es la representación, el recuerdo de su Creador y Formador. No les den, pues, su fuego a los pueblos hasta que ellos ofrenden a Tohil. No es necesario que les den algo a ustedes. Pregunten a Tohil qué es lo que deben dar cuando vengan a pedir el fuego, les dijo el de Xibalbá. Éste tenía alas como las del murciélago. Yo soy enviado por su Creador, por su Formador, dijo el de Xibalbá.

Entonces se llenaron de alegría, y se ensancharon también los corazones de Tohil, Avilix y Hacavitz cuando habló el de Xibalbá, el cual desapareció al instante de su presencia.

Pero no murieron las tribus cuando llegaron, aunque se morían de frío. Había mucho granizo, lluvia negra y neblina, y hacía un frío indescriptible.

Estaban todas las tribus temblando y tiritando de frío cuando llegaron a donde estaban Balam-Quitzé, Balam-Acab, Mahucutah e Iqui-Balam. Grande era la aflicción de sus corazones y tristes estaban sus bocas y sus ojos.

En seguida llegaron los suplicantes a presencia de Balam-Quitzé, Balam-Acab, Mahucutah e Iqui-Balam. —¿No tendrán compasión de nosotros, que solamente les pedimos un poco de su fuego? ¿Acaso no estábamos juntos y reunidos? ¿No fue una misma nuestra morada y una sola nuestra patria cuando fueron creados, cuando fueron formados? ¡Tengan, pues, misericordia de nosotros!, dijeron.

—¿Qué nos darán para que tengamos misericordia de ustedes?, les preguntaron.

—Pues bien, les daremos dinero, contestaron las tribus.

—No queremos dinero, dijeron Balam-Quitzé y Balam-Acab.

—¿Y qué es lo que quieren?

—Ahora lo preguntaremos.

—Está bien, dijeron las tribus.

—Le preguntaremos a Tohil y luego les diremos, les contestaron.

—¿Qué deben dar las tribus, ¡oh Tohil!, que han venido a pedir tu fuego?, dijeron entonces Balam-Quitzé, Balam-Acab, Mahucutah e Iqui-Balam.

—¡Bueno! ¿Querrán darse en sacrificio? ¿Quieren que yo, Tohil, estreche sus corazones entre mis brazos? Pero si así no lo desean, tampoco les daré su fuego, respondió Tohil.

—Díganles que eso será más tarde, que no tendrán que venir ahora a sacrificarse. Esto les manda decir Tohil, les dirán. Ésta fue la respuesta a Balam-Quitzé, Balam-Acab, Mahucutah e Iqui-Balam.

Entonces transmitieron la palabra de Tohil. —Está bien, nos sacrificaremos y lo abrazaremos, dijeron los pueblos cuando oyeron y recibieron la palabra de Tohil. Y no actuaron con tardanza: ¡Bueno, dijeron, pero que sea pronto! Y en seguida recibieron el fuego. Luego se calentaron.

Capítulo VI

Hubo, sin embargo, una tribu que robó el fuego entre el humo, y fueron los de la casa de *Zotzil*. El dios de los cakchiqueles se llamaba *Chamalcán* y tenía la figura de un murciélago.

Cuando pasaron entre el humo, pasaron suavemente y luego se apoderaron del fuego. No pidieron el fuego los cakchiqueles porque no quisieron entregarse como vencidos, de la manera como fueron vencidas las demás tribus cuando ofrecieron su pecho para que se los abrieran. Y ésta era la abertura que había dicho Tohil: que sacrificaran a todas las tribus ante él, que se les arrancara el corazón del pecho.

Y esto no se había comenzado a hacer cuando fue profetizada por Tohil la toma del poder y el señorío por Balam-Quitzé, Balam-Acab, Mahucutah e Iqui-Balam.

Allá en Tulán-Zuiva, de donde habían venido, acostumbraban no comer, cumplían un ayuno perpetuo, mientras aguardaban la llegada de la aurora y observaban la salida del sol.

Se turnaban para ver la gran estrella que se llama *Icoquih* y que sale primero cuando nace el sol, la brillante Icoquih, que siempre estaba frente a ellos en el Oriente, cuando estuvieron allá en la llamada Tulán-Zuiva, de donde vino su dios.

No fue, pues, aquí donde recibieron su poder y señorío, sino que allá sometieron y subyugaron a las tribus grandes y pequeñas, cuando las sacrificaron ante Tohil y le ofrendaron la sangre, el pecho y el costado de todos los hombres.

A Tulán les llegó al instante su poder; grande fue su sabiduría en la oscuridad y en la noche.

Luego vinieron, se arrancaron de allá y abandonaron el Oriente. —Ésta no es nuestra casa, vámonos y veamos dónde nos hemos de establecer, dijo entonces Tohil.

En verdad les hablaba a Balam-Quitzé, Balam-Acab, Mahucutah e Iqui-Balam. —Dejen hecha su acción de gracias, preparen lo necesario para sangrar las orejas, píquense los codos, hagan sus sacrificios, éste será su agradecimiento ante Dios.

—Está bien, dijeron, y se sacaron sangre de las orejas. Y lloraron en sus cantos por su salida de Tulán; lloraron sus corazones cuando abandonaron Tulán.

—¡Ay de nosotros! Ya no veremos aquí el amanecer, cuando nazca el sol y alumbre la faz de la Tierra, dijeron al partir. Pero dejaron alguna gente en el camino por donde iban para que velara.

Cada una de las tribus se levantaba continuamente para ver la estrella precursora del sol. Traían esta señal de la aurora en su corazón cuando vinieron de allá, del Oriente, y con la misma esperanza partieron de aquella gran distancia, según dicen en sus cantos hoy en día.

Capítulo VII

Entonces llegaron a la cumbre de una montaña y allí se reunieron todo el pueblo quiché y las tribus. Allí todos celebraron consejo para tomar sus decisiones. Llaman hoy en día a esta montaña *Chi-Pixab,* éste es el nombre de la montaña.

Se reunieron allí y se engrandecieron a sí mismos: —¡Yo soy, yo, el pueblo del Quiché! Y tú, Tamub, éste será tu nombre. Y a los de Ilocab les dijeron: —Tú, Ilocab, éste será tu nombre. Y estos tres pueblos quichés no desaparecerán, una misma es nuestra suerte, dijeron cuando designaron sus nombres.

En seguida dieron su nombre a los Cakchiqueles: *Gagcheque-leb* fue su nombre. También a los de *Rabinal,* éste fue su nombre y hasta ahora no lo han perdido. Y también a los de *Tziquinahá,* que así se llaman hoy día. Éstos son los nombres que se dieron entre sí.

Allá se reunieron a esperar que amaneciera y a observar la salida de la estrella que llega primero antes que el sol, cuando éste está a punto de nacer. —De allá venimos, pero nos hemos separado, decían entre sí.

Y sus corazones estaban afligidos, y estaban pasando grandes sufrimientos: no tenían comida, ni sustento; solamente olían la punta de sus bastones y así se imaginaban que comían, pero no se alimentaban cuando venían.

No está bien claro, sin embargo, cómo fue su paso sobre el mar; como si no hubiera mar pasaron hacia este lado; sobre piedras pasaron, sobre piedras en hilera sobre la arena. Por esta razón fueron llamadas *piedras en hilera, arenas arrancadas,* nombres que ellos les dieron cuando pasaron entre el mar, habiéndose dividido las aguas cuando pasaron.

Y sus corazones estaban afligidos cuando conversaban entre sí, porque no tenían que comer, sino sólo un trago de agua que bebían y un puñado de maíz.

Allí estaban, pues, congregados en la montaña llamada Chi-Pixab. Y habían llevado también a Tohil, Avilix y Hacavitz. Un ayuno completo mantenía Balam-Quitzé con su mujer Cahá-Paluma, que era el nombre de su mujer. Así lo hacían también Balam-Acab y su mujer, la llamada Chomihá; y también Mahucutah estaba en ayuno con su mujer, la llamada Tzununihá, e Iqui-Balam con su mujer, la llamada Caquixahá.

Y ellos eran los que ayunaban en la oscuridad y en la noche. Grande era su tristeza cuando estaban en el monte que ahora se llama Chi-Pixab.

Capítulo VIII

Y nuevamente les habló su dios. Así les hablaron entonces Tohil, Avilix y Hacavitz a Balam-Quitzé, Balam-Acab, Mahucutah e Iqui-Balam: —¡Vámonos ya, levantémonos ya, no permanezcamos aquí, llévennos a un lugar escondido! Ya se acerca el amanecer. ¿No sería una desgracia para ustedes que fuéramos aprisionados por los enemigos en estos muros donde nos tienen ustedes, sacerdotes y sacrificadores? Pónganos, pues, a cada uno en un lugar seguro, dijeron cuando hablaron.

—Muy bien. Nos marcharemos, iremos en busca de los bosques, contestaron todos.

A continuación cada uno tomó y se echó a cuestas a su dios. Así llevaron a Avilix al barranco llamado *Euabal-Ziván,* así nombrado por ellos, al gran barranco del bosque que ahora llamamos *Pavilix,* y allí lo dejaron. En este barranco fue dejado por Balam-Acab.

En orden fueron dejándolos. El primero que dejaron así fue Hacavitz, sobre una gran pirámide colorada, en el monte que se llama ahora *Hacavitz*. Allí fue fundado su pueblo, en el lugar donde estuvo el dios llamado Hacavitz.

Asimismo se quedó Mahucutah con su dios, que fue el segundo dios escondido por ellos. No estuvo Hacavitz en el bosque, sino que en un cerro talado fue escondido Hacavitz.

Luego Balam-Quitzé llegó al gran bosque; para esconder a Tohil, Balam-Quitzé llegó al cerro que hoy se llama *Patohil*. Entonces celebraron la ocultación de Tohil en la barranca, en su refugio. Gran cantidad de culebras, tigres y víboras había en el bosque donde fue escondido por los sacerdotes y sacrificadores.

Juntos estaban Balam-Quitzé, Balam-Acab, Mahucutah e Iqui-Balam; juntos esperaban el amanecer sobre el cerro llamado Hacavitz.

Y a poca distancia estaba el dios de los de Tamub y de los de Ilocab. *Amac-Tan* se llamaba el lugar donde estaba su dios y allí les amaneció. *Amac-Uquincat* se llamaba el lugar donde les amaneció a los de Ilocab; allí estaba su dios, a corta distancia de la montaña.

Allí estaban también todos los de Rabinal, los Cakchiqueles, los de Tziquinahá, todas las tribus pequeñas y las tribus grandes. Juntos se detuvieron aguardando la llegada de la aurora y la salida de la gran estrella llamada Icoquih, que sale primero que el sol, cuando amanece, según cuentan.

Juntos estaban, pues, Balam-Quitzé, Balam-Acab, Mahucutah e Iqui-Balam. No dormían, permanecían de pie y grande era la ansiedad de sus corazones y su vientre por la aurora y el amanecer. Allí también sintieron vergüenza, tuvieron una gran aflicción, una gran angustia y estaban abrumados por el dolor.

Hasta allí habían llegado. —¡Ay, hemos venido sin alegría! ¡Si al menos pudiéramos ver el nacimiento del sol! ¿Qué haremos ahora? Si éramos de un mismo sentir en nuestra patria, ¿cómo nos hemos ausentado?, decían hablando entre ellos con voz lastimera, en medio de la tristeza y la aflicción.

Hablaban, pero no se calmaba la ansiedad de sus corazones por ver la llegada de la aurora: —Los dioses están sentados en las

❖ ❖ ❖

barrancas, en los bosques; están entre las plantas, entre el musgo; ni siquiera un asiento de tablas les dimos, decían.

Primeramente estaban Tohil, Avilix y Hacavitz. Grande era su gloria, su fuerza y su poder sobre los dioses de todas las tribus. Muchos eran sus prodigios e innumerables sus viajes y peregrinaciones en medio del frío, pero el corazón de las tribus estaba lleno de temor.

Tranquilos estaban respecto a ellos los corazones de Balam-Quitzé, Balam-Acab, Mahucutah e Iqui-Balam. No sentían ansiedad en su pecho por los dioses que habían recibido y traído a cuestas cuando vinieron de Tulán-Zuiva, de allá en el Oriente.

Estaban, pues, allí en el bosque que ahora se llama *Zaquiribal Pa-Tohil*, *P'Avilix* y *Pa-Hacavitz*.

Y entonces les amaneció y les brilló su aurora a nuestros abuelos y nuestros padres.

Ahora contaremos la llegada de la aurora y la aparición del Sol, la Luna y las estrellas.

Capítulo IX

He aquí, pues, la aurora, y la aparición del Sol, la Luna y las estrellas.

Grandemente se alegraron Balam-Quitzé, Balam-Acab, Mahucutah e Iqui-Balam cuando vieron la Estrella de la mañana. Salió primero con la faz resplandeciente antes que el sol.

En seguida desenvolvieron el incienso que habían traído desde el Oriente y que pensaban quemar, y entonces desataron los tres regalos que pensaban ofrecer.

El incienso que traía Balam-Quitzé se llamaba *Mixtán-Pom;* el incienso que traía Balam-Acab se llamaba *Caviztán-Pom*, y el que traía Mahucutah se llamaba *Cabauil-Pom*. Los tres tenían su incienso. Lo quemaron y en seguida se pusieron a bailar en dirección al Oriente.

Lloraban de alegría cuando estaban bailando y quemaban su incienso, su precioso incienso. Luego lloraron porque no veían ni contemplaban todavía el nacimiento del sol.

En seguida salió el sol. Se alegraron los animales chicos y grandes y se levantaron en las orillas de los ríos, en las barrancas y en la cumbre de las montañas; todos dirigieron la vista adonde sale el sol.

Luego rugieron el león y el tigre. Pero primero cantó el pájaro que se llama *Queletzú*. Verdaderamente se alegraron todos los animales, y el águila, el rey zope, las aves pequeñas y las aves grandes extendieron sus alas.

Los sacerdotes y sacrificadores estaban arrodillados; grande era la alegría de los sacerdotes y sacrificadores y de los de Tamub e Ilocab y de los de Rabinal, los cakchiqueles, los de Tziquinahá y los de Tuhalhá, Uchabahá, Quibahá, los de Batená y los Yaqui Tepeu, tribus todas que existen hoy en día. Y no era posible contar tanta gente. Al mismo tiempo alumbró la aurora a todas las tribus.

En seguida se secó la superficie de la tierra a causa del sol. Semejante a un hombre era el sol cuando se manifestó, y su faz ardía cuando secó la superficie de la tierra.

Antes de que saliera el sol, la superficie de la tierra estaba húmeda y fangosa; pero el sol se levantó y subió como un hombre. Pero no se soportaba su calor. Sólo se manifestó cuando nació y se quedó fijo como un espejo. No era ciertamente el mismo sol que nosotros vemos, se dice en sus historias.

Inmediatamente después se convirtieron en piedra Tohil, Avilix y Hacavitz, junto con los seres deificados, el león, el tigre, la culebra y el duende. Sus brazos se prendieron de los árboles cuando aparecieron el Sol, la Luna y las estrellas. Todos se convirtieron igualmente en piedras. Tal vez no estaríamos vivos nosotros hoy en día a causa de los animales voraces, el león, el tigre, la culebra y el duende; quizá no existiría ahora nuestra gloria si los primeros animales no se hubieran vuelto piedra por obra del Sol.

Cuando éste salió se llenaron de alegría los corazones de Balam-Quitzé, Balam-Acab, Mahucutah e Iqui-Balam. Grandemente se alegraron cuando amaneció. Y no eran muchos los hombres que allí estaban; sólo eran unos pocos los que estaban sobre el monte Hacavitz. Allí les amaneció, allí quemaron el incienso y bailaron, dirigiendo la mirada hacia el Oriente, de donde habían venido. Allá estaban sus montañas y sus valles, allá de donde vinieron Balam-Quitzé, Balam-Acab, Mahucutah e Iqui-Balam, así llamados.

Pero fue aquí en la montaña donde se multiplicaron, y ésta fue su ciudad; aquí estaban, además cuando aparecieron el Sol, la Luna y las estrellas, cuando amaneció y se alumbraron la faz de la Tierra y el mundo entero. Aquí también comenzaron su canto, que se llama *Camucú;* lo cantaron, pero sólo el dolor de sus corazones y sus entrañas expresaron en su canto. —¡Ay de nosotros! En Tulán nos perdimos, nos separamos, y allá quedaron nuestros hermanos mayores y menores. ¡Ay, nosotros hemos visto el sol!, pero ¿dónde están ellos ahora que ya ha amanecido?, les decían a los sacerdotes y sacrificadores de los yaquis.

Porque en verdad, el llamado Tohil es el mismo dios de los yaquis y su nombre es *Yolcuat-Quitzalcuat.*

Nos separamos allá en Tulán, en Zuiva, de allá salimos juntos y allí fue creada nuestra raza cuando vinimos, decían entre sí.

Entonces se acordaron de sus hermanos mayores y de sus hermanos menores, los yaquis, a quienes les amaneció allá en el país que hoy se llama México. Había también una parte de la gente que se quedó en el Oriente, los llamados *Tepeu Olimán,* que se quedaron allí, dijeron.

Gran aflicción sentían en sus corazones allá en el Hacavitz; lo mismo sentían los de Tamub y los de Ilocab, que estaban allí también en el bosque llamado *Amac-Tan,* donde les amaneció a los sacerdotes y sacrificadores y a su dios, que era también Tohil, pues uno mismo era el nombre del dios de las tres ramas del pueblo quiché. Y también es el nombre del dios de los rabinaleros, pues hay poca diferencia con el nombre de *Huntoh,* que así se llama su dios; por eso dicen que quisieron igualar su lengua a la del Quiché.

Ahora bien, la lengua de los cakchiqueles es diferente, porque era diferente el nombre de su dios cuando vinieron de Tulán-Zuiva. *Tzotzihá Chilmalcán* era el nombre de su dios, y hablan hoy una lengua diferente; y también de su dios tomaron su nombre las familias *Ahpozotzil* y *Ahpoxá,* así llamadas.

También cambió la lengua del dios, cuando les dieron su dios allá en Tulán, junto a la piedra; su lengua fue cambiada cuando vinieron de Tulán en la oscuridad. Y estando juntas les amaneció y les brilló su aurora a todas las tribus, estando reunidos los nombres de los dioses de cada una de las tribus.

Capítulo X

Y ahora relataremos su estancia y su permanencia en la montaña, donde estaban juntos los llamados Balam-Quitzé, Balam-Acab, Mahucutah e Iqui-Balam. Lloraban sus corazones por Tohil, Avilix y Hacavitz, a quienes habían dejado entre las plantas y el musgo.

He aquí cómo hicieron los sacrificios al pie del sitio donde pusieron a Tohil, cuando llegaron ante su presencia. Iban a verlos y a saludarlos; también a darles gracias por la llegada de la aurora. Tohil estaba en la espesura, entre las piedras, allá en el bosque. Y sólo por arte de magia habló cuando llegaron los sacerdotes y sacrificadores. No traían grandes regalos, sino sólo resina, restos de goma *noh y pericón* quemaron ante su dios.

Y entonces habló Tohil; sólo por un prodigio dio sus consejos a los sacerdotes y sacrificadores. Y los dioses hablaron entonces y dijeron:

"Verdaderamente aquí serán nuestras montañas y nuestros valles. Nosotros somos suyos; grandes serán nuestra gloria y nuestra descendencia por obra de todos los hombres. Suyas son todas las tribus y nosotros, sus compañeros. Cuiden su ciudad y nosotros les daremos su cultura.

"No nos muestren ante las tribus cuando estemos enojados por las palabras de sus bocas y por su comportamiento. Tampoco dejen que caigamos en el lazo. Dennos a cambio a los hijos de la hierba y a los hijos del campo y también las hembras de los venados y las hembras de las aves. Vengan a darnos un poco de su sangre, tengan compasión de nosotros. Quédense con el pelo de los venados y cuídense de aquellos que nos han engañado con sus miradas.

"Así pues, el venado será nuestro símbolo y lo mostrarás ante las tribus. Cuando se les pregunte ¿dónde está Tohil?, presentarán el venado ante sus ojos. Tampoco se presenten ustedes mismos, pues tendrán otras cosas que hacer. Grande será su condición; dominarán a todas las tribus; traerán su sangre y su sustancia ante nosotros, y los que vengan a abrazarnos nuestros serán también", dijeron entonces Tohil, Avilix y Hacavitz.

Apariencia de muchachos tenían cuando los vieron al llegar a ofrendarles los regalos. Entonces comenzó la persecución de los hijos de las aves y de los hijos de los venados. Y el producto de la caza era recibido por los sacerdotes y sacrificadores. Y en cuanto encontraban a las aves y a los venados, al instante iban a depositar la sangre de los venados y las aves en la boca de los ídolos de Tohil y de Avilix.

Y cuando la sangre había sido bebida por los dioses, al instante hablaba la piedra, cuando llegaban los sacerdotes y sacrificadores, cuando iban a llevarles sus ofrendas. Y de igual manera lo hacían delante de sus símbolos, quemando pericón y *holom-ocox*.

Los símbolos de cada uno estaban allá donde habían sido colocados por ellos, en la cumbre de la montaña. Pero los sacerdotes no vivían en sus casas durante el día, sino que andaban por los montes y sólo se alimentaban de las larvas de los abejorros, de las avispas y de las abejas que buscaban; no tenían buena comida ni buena bebida. Y tampoco eran conocidos los caminos de sus casas, ni se sabía dónde habían quedado sus mujeres.

CUARTA PARTE

Capítulo I

*A*hora bien, muchos pueblos fueron fundándose uno por uno, y las diferentes ramas de las tribus se iban reuniendo y agrupando junto a los caminos que habían abierto.

En cuanto a Balam-Quitzé, Balam-Acab, Mahucutah e Iqui-Balam no se sabía dónde estaban. Y cuando ellos veían a las tribus que pasaban por los caminos, al instante se ponían a gritar en la cumbre de los montes, lanzando el aullido del coyote y el grito del gato de monte, e imitando el rugido del león y del tigre.

Y viendo las tribus estas cosas cuando caminaban, decían: —Sus gritos son de coyote, de gato de monte, de león y de tigre. Quieren aparentar que no son hombres ante todas las tribus y sólo hacen esto para engañarnos a nosotros los pueblos. Algo desean sus corazones. Ciertamente no se espantan de lo que hacen. Algo se proponen con el rugido del león, con el rugido del tigre que lanzan cuando ven a uno o dos hombres caminando; lo que quieren es acabar con nosotros.

Cada día llegaban los sacerdotes a sus casas y al lado de sus mujeres, llevando solamente las crías de los abejorros, de las avispas y de las abejas para darlas a sus mujeres.

❖   ❖   ❖

Cada día también llegaban ante sus dioses y decían en sus corazones: —He aquí a Tohil, Avilix y Hacavitz. Sólo la sangre de los venados y de las aves podemos ofrecerles; solamente nos sacaremos sangre de las orejas y de los brazos. Pidámosles fuerzas y vigor a nuestros dioses. ¿Qué dirán de las muertes del pueblo, que uno por uno los vamos matando?, decían entre sí cuando se dirigían a la presencia de Tohil, Avilix y Hacavitz.

Luego se punzaban las orejas y los brazos ante la divinidad, recogían su sangre y la ponían en el vaso, junto a la piedra. Pero en realidad no eran de piedra, sino que se presentaba cada uno bajo la figura de un muchacho.

Se alegraban con la sangre de los sacerdotes y sacrificadores cuando llegaban con esta muestra de su trabajo:

—¡Sigan las huellas de los animales que han de sacrificar, allá está su salvación!

—De allá vino, de Tulán, cuando nos trajeron, les dijeron, cuando les dieron la piel llamada *Pazilizib,* untada de sangre: que se derrame su sangre y que ésta sea la ofrenda de Tohil, Avilix y Hacavitz.

Capítulo II

He aquí cómo comenzó el robo de los hombres de las tribus de Vuc Amag por Balam-Quitzé, Balam-Acab, Mahucutah e Iqui-Balam.

Luego vino la matanza de las tribus. Tomaban a uno o a dos cuando iban caminando, y no se sabía que los habían atrapado. En seguida los iban a sacrificar ante Tohil y Avilix. Después regaban la sangre en el camino y ponían la cabeza por separado también en el camino. Y decían las tribus: "El tigre se los comió". Y lo decían así porque eran como pisadas de tigre las huellas que dejaban, aunque ellos no se mostraban.

Ya eran muchos los hombres que se habían robado, pero las tribus no se dieron cuenta hasta más tarde. —¿Serán Tohil y Avilix los que están entre nosotros? Ellos deben ser aquellos a quienes alimentan los sacerdotes y sacrificadores. ¿En dónde estarán sus casas? ¡Sigamos sus pisadas!, dijeron todos los pueblos.

Entonces celebraron consejo entre ellos. A continuación comenzaron a seguir las huellas de los sacerdotes y sacrificadores, pero no eran claras. Sólo eran pisadas de fieras, pisadas de tigre lo que veían. No estaban claras las primeras huellas, pues estaban invertidas, como hechas para que se perdieran, y no estaba claro su camino. Se formó una neblina, se formó una lluvia negra y empezó a caer una llovizna; se hizo mucho lodo. Esto era lo que los pueblos veían ante ellos. Y sus corazones se cansaban de buscar y perseguir a los sacerdotes y sacrificadores por los caminos, porque, como eran tan grandes Tohil, Avilix y Hacavitz, los alejaban hasta la cumbre de las montañas, en las afueras de los pueblos que acechaban.

Así comenzó el rapto de la gente cuando los brujos tomaban a las tribus en los caminos y las sacrificaban ante Tohil, Avilix y Hacavitz; pero a sus propios hijos los salvaron allá en la montaña.

Tohil, Avilix y Hacavitz tenían la apariencia de tres muchachos y caminaban por virtud mágica de la piedra. Había un río donde se bañaban a la orilla del agua y allí únicamente se aparecían. Se llamaba por esto *En el Baño de Tohil*, y éste era el nombre del río. Muchas veces los veían las tribus, pero desaparecían inmediatamente cuando eran vistos por los pueblos.

Se tuvo entonces noticia de dónde estaban Balam-Quitzé, Balam-Acab, Mahucutah e Iqui-Balam, y al instante celebraron consejo las tribus sobre la manera de darles muerte.

En primer lugar las tribus quisieron tratar sobre la manera de vencer a Tohil, Avilix y Hacavitz. Y todos los sacerdotes y sacrificadores dijeron ante las tribus: —Que todos se levanten, que se llame a todos, que no haya un grupo, ni dos grupos de entre nosotros que se quede atrás de los demás.

Se reunieron todos, se reunieron en gran número y debatieron entre sí. Y dijeron, preguntándose los unos a los otros: —¿Cómo haremos para vencer a los quichés de *Cavec*? Por su culpa se están acabando nuestros hijos y vasallos. No se sabe cómo es la destrucción de la gente. Si debemos morir por medio de estos raptos, que así sea; y si es tan grande el poder de Tohil, Avilix y Hacavitz, entonces que sea nuestro dios este Tohil, ¡y ojalá que lo hagan su prisionero! No es posible que ellos nos venzan. ¿No hay acaso bastantes hombres entre nosotros? Y los Cavec no son muchos, dijeron, cuando estuvieron todos reunidos.

Y algunos dijeron, dirigiéndose a las tribus cuando hablaron: —¿Quién ha visto a esos que se bañan en el río todos los días? Si ellos son Tohil, Avilix y Hacavitz, los venceremos primero a ellos y después comenzaremos la derrota de los sacerdotes y sacrificadores. Esto dijeron varios de ellos cuando hablaron.

—Pero ¿cómo los venceremos?, preguntaron de nuevo.

—Ésta será nuestra manera de vencerlos. Como ellos tienen aspecto de muchachos cuando se dejan ver entre el agua, que vayan dos doncellas que sean verdaderamente hermosas y amables y que les entren deseos de poseerlas, contestaron.

—Muy bien. Vamos; busquemos dos preciosas doncellas, exclamaron, y en seguida fueron a buscar a sus hijas. Y verdaderamente eran bellísimas doncellas.

Luego les dieron instrucciones a las doncellas: —Vayan, hijas nuestras, vayan a lavar la ropa al río, y si ven a los tres muchachos, desnúdense ante ellos, y si sus corazones los desean, ¡llámenlos! Si les dijeran: "¿Podemos llegar a su lado?", "Sí", les responderán. Y cuando les pregunten: "¿De dónde vienen, hijas de quién son?", contestarán: "Somos hijas de los Señores".

Luego les dirán: —Venga una prenda de ustedes. Y si después que les hayan dado alguna prenda las quieren besar, entréguense de veras a ellos. Y si no se entregan, las mataremos. Después nuestro corazón estará satisfecho. Cuando tengan la prenda, tráigala hacia acá y ésta será la prueba, a nuestro juicio, de que ellos se unieron a ustedes.

Así dijeron los Señores cuando aconsejaron a las dos doncellas. He aquí los nombres de éstas: *Ixtah* se llamaba una de las doncellas y la otra *Ixpuch*. Y a las dos llamadas Ixtah e Ixpuch las mandaron al río, al baño de Tohil, Avilix y Hacavitz. Esto fue lo que decidieron todas las tribus.

Se marcharon en seguida, bien adornadas; verdaderamente estaban muy hermosas cuando se fueron adonde se bañaba Tohil. Cuando ellas se fueron, se alegraron los Señores porque habían enviado a sus dos hijas.

Luego que éstas llegaron al río comenzaron a lavar. Ya se habían desnudado las dos y estaban arrimadas a las piedras cuando llegaron Tohil, Avilix y Hacavitz.

Llegaron allá a la orilla del río y quedaron un poco sorprendidos al ver a las dos jóvenes que estaban lavando, y las muchachas se avergonzaron en seguida que llegaron los dioses. Pero a Tohil no se le antojaron las dos doncellas. Y entonces les preguntó: —¿De dónde vienen? y agregó: —¿Qué cosa quieren que vienen hasta aquí, a la orilla de nuestra agua?

Y ellas contestaron: —Se nos ha mandado por los Señores que vengamos acá. "Vayan a verles las caras a los dioses y hablen con ellos", nos dijeron los Señores; y "traigan luego la prueba de que les han visto la cara", se nos ha dicho. Así hablaron las dos muchachas, dando a conocer el objeto de su llegada.

Ahora bien, lo que querían las tribus era que las doncellas fueran violadas por los naguales de Tohil, Avilix y Hacavitz. Pero ellos les dijeron, hablando de nuevo a las dos doncellas, Ixtah e Ixpuch: —Está bien, con ustedes irá la prueba de nuestra plática. Esperen un poco y luego se la darán a los Señores, les dijeron.

Luego entraron en consulta los dioses con los sacerdotes y sacrificadores y les dijeron a Balam-Quitzé, Balam-Acab, Mahucutah e Iqui-Balam: —Pinten tres capas, pinten en ellas la señal de su ser para que les lleguen a las tribus con las dos muchachas que están lavando. Dénselas a ellas, les dijeron a Balam-Quitzé, Balam-Acab y Mahucutah.

En seguida se pusieron los tres a pintar. Primero pintó un tigre Balam-Quitzé; la figura fue hecha y pintada en la superficie de la manta. Luego Balam-Acab pintó la figura de un águila sobre la superficie de la manta; y luego Mahucutah pintó abejorros y avispas por todas partes sobre la tela. Y acabaron sus pinturas los tres, tres piezas pintaron.

A continuación fueron a entregar las mantas a Ixtah e Ixpuch y les dijeron Balam-Quitzé, Balam-Acab y Mahucutah: —Aquí está la prueba de su conversación; llévenla ante los Señores: "En verdad nos han hablado Tohil, Avilix y Hacavitz, he aquí la prueba que traemos", les dirán, y que se vistan con las ropas que les dan. Esto les dijeron a las doncellas cuando se despidieron. Ellas se fueron en seguida, llevando las mantas pintadas.

Cuando llegaron, se llenaron de alegría los Señores al ver sus rostros y sus manos, de los cuales colgaba lo que habían ido a pedir las doncellas.

—¿Le vieron la cara a Tohil?, les preguntaron. —Sí, se la vimos, respondieron Ixtah e Ixpuch.

—Muy bien. ¿Y traen la prenda, no es verdad?, preguntaron los Señores, pensando que ésta era la señal de su pecado.

Entonces las jóvenes extendieron las mantas pintadas, todas llenas de tigres y águilas, llenas de abejorros y avispas, pintados en la superficie de la tela y que brillaban ante la vista. En seguida les entraron deseos de ponérselas.

Nada le hizo el tigre cuando un Señor se echó a las espaldas la primera pintura. Luego se puso otro Señor la segunda pintura con el dibujo del águila. El Señor se sentía muy bien, metido dentro de ella. Y así, daba vueltas delante de todos. Luego el último Señor se quitó las ropas ante todos y se puso la tercera manta pintada. Y he aquí que se echó encima los abejorros y las avispas que contenía. Al instante le picaron las carnes los zánganos y las avispas. Y no pudiendo sufrir ni tolerar las picaduras de los animales, el Señor empezó a dar de gritos a causa de los animales que estaban pintados en la tela, la pintura de Mahucutah, que fue la tercera que pintaron.

Así fueron vencidos. En seguida los Señores reprendieron a las doncellas llamadas Ixtah e Ixpuch: —¿Qué clase de ropas son las que han traído? ¿Adónde fueron a traerlas, demonios?, les dijeron a las doncellas cuando las reprendieron. Todos los pueblos fueron vencidos por Tohil, Avilix y Hacavitz.

Ahora bien, lo que querían era que Tohil, Avilix y Hacavitz se hubieran ido a divertir con Ixtah e Ixpuch y que éstas se hubieran vuelto rameras, pues las tribus creían que les servirían de tentación. Pero no fue posible que los vencieran, gracias a aquellos hombres prodigiosos, Balam-Quitzé, Balam-Acab, Mahucutah e Iqui-Balam.

Capítulo III

Entonces celebraron consejo nuevamente todas las tribus. —¿Qué haremos con ellos? En verdad grande es su condición, dijeron cuando se reunieron de nuevo en consejo. —Pues bien, los acecharemos, los mataremos, nos armaremos de arcos y escudos. ¿No somos acaso numerosos? Que no haya uno, ni dos de entre nosotros que se quede atrás. Así hablaron cuando celebraron consejo. Y se armaron todos los pueblos. Muchos eran los guerreros cuando todos los pueblos se reunieron para darles muerte.

Mientras tanto, Balam-Quitzé, Balam-Acab, Mahucutah e Iqui-Balam estaban en el monte Hacavitz, en el cerro de este nombre. Estaban allí para salvar a sus hijos en la montaña.

Y no era mucha su gente, no tenían una muchedumbre como la de los pueblos. Era pequeña la cumbre del monte donde se asentaban y por eso las tribus decidieron matarlos cuando todos se reunieron, cuando todos se agruparon y levantaron.

Así fue, pues, la reunión de todos los pueblos, todos armados de sus arcos y escudos. No era posible contar la riqueza de sus armas; era muy hermoso el aspecto de todos los jefes y varones, y ciertamente todos cumplían sus órdenes.

—Ciertamente serán destruidos, y en cuanto a Tohil será nuestro dios, lo adoraremos, si lo hacemos prisionero, dijeron entre ellos. Pero Tohil lo sabía todo y lo sabían también Balam-Quitzé, Balam-Acab y Mahucutah. Ellos oían todo lo que planeaban, porque no dormían, ni descansaban desde que se armaron de sus armas todos los guerreros.

En seguida todos los guerreros se levantaron y se pusieron en camino con la intención de introducirse por la noche. Pero no llegaron, sino que estuvieron en vela en el camino todos los guerreros y luego fueron derrotados por Balam-Quitzé, Balam-Acab y Mahucutah.

Se quedaron todos en vela en el camino y nada sintieron hasta que acabaron por dormirse. En seguida comenzaron a arrancarles las cejas y las barbas; luego les quitaron los adornos de metal del cuello, sus coronas y collares. Y les quitaron el metal del puño de sus lanzas. Así lo hicieron para castigarlos, para humillarlos y para darles una muestra del poderío de la gente quiché.

En cuanto despertaron quisieron tomar sus coronas y sus varas, pero ya no tenían el metal en el puño ni sus coronas. —¿Quién nos ha despojado? ¿Quién nos ha arrancado las barbas? ¿De dónde han venido a robarnos nuestros metales preciosos?, decían todos los guerreros. ¿Serán esos demonios que se roban a los hombres? Pero no conseguirán infundirnos miedo. Entremos por la fuerza a su ciudad y así volveremos a verle la cara a nuestra plata; esto les haremos, dijeron todas las tribus, y todos ciertamente cumplirían su palabra.

Entretanto, estaban tranquilos los corazones de los sacerdotes y sacrificadores en la cumbre de la montaña. Y habiendo deliberado Balam-Quitzé, Balam-Acab, Mahucutah e Iqui-Balam, construyeron una muralla en las orillas de su ciudad y la cercaron de tablas y puntas. Luego hicieron unos muñecos que tomaron forma de hombres y los pusieron en fila sobre la muralla, los armaron de escudos y de flechas y los adornaron poniéndoles las coronas de metal en la cabeza. Esto les pusieron a aquellos simples muñecos y maniquíes, los adornaron con la plata que les habían ido a quitar a las tribus en el camino y con esto adornaron a los muñecos.

Hicieron unos fosos alrededor de la ciudad y en seguida le pidieron consejo a Tohil: —¿Nos matarán? ¿Nos vencerán?, preguntaron sus corazones a Tohil.

—¡No se aflijan! Yo estoy aquí. Y esto les pondrán. No tengan miedo, les dijo a Balam-Quitzé, Balam-Acab, Mahucutah e Iqui-Balam, luego les dieron unos zánganos y unas avispas. Y los pusieron entre cuatro grandes calabazas que colocaron alrededor de la ciudad. Encerraron a los zánganos y a las avispas dentro de las calabazas, para combatir con ellos a los pueblos.

La ciudad estaba vigilada desde lejos, espiada y observada por los agentes de las tribus. —No son numerosos, decían. Pero sólo vieron a los muñecos y los maniquíes que meneaban suavemente sus arcos y sus escudos. Verdaderamente tenían la apariencia de hombres, tenían en verdad aspecto de combatientes cuando los vieron las tribus, y todas las tribus se alegraron porque vieron que no eran muchos.

Las tribus eran muy numerosas; no era posible contar tanta gente, guerreros y soldados que iban a matar a Balam-Quitzé, Balam-Acab y Mahucutah, que estaban en el monte Hacavitz, nombre del lugar donde se hallaban.

Ahora contaremos cómo fue su llegada.

Capítulo IV

Balam-Quitzé, Balam-Acab, Mahucutah e Iqui-Balam estaban todos juntos en la montaña con sus mujeres y sus hijos cuando llegaron todos los guerreros y soldados. Las tribus se componían de veinticuatro mil hombres.

Rodearon toda la ciudad, lanzando grandes gritos, armados de flechas y de escudos, tocando tambores, dando el grito de guerra, silbando, vociferando, incitando a la pelea, cuando llegaron al pie de la ciudad.

Pero no se atemorizaban los sacerdotes y sacrificadores, sino solamente los veían desde la orilla de la muralla, donde estaban protegidos con sus mujeres y sus hijos. Sólo pensaban en los esfuerzos y vociferaciones de las tribus cuando éstas subían por las faldas del monte.

Ya faltaba poco para que se arrojaran sobre la entrada de la ciudad, cuando las cuatro calabazas que estaban a las orillas de la ciudad se abrieron; como una humareda salieron de las calabazas los zánganos y las avispas. Y así murieron los guerreros a causa de los insectos que les mordían las pupilas y se les clavaban en la nariz, la boca, las piernas y los brazos. —¿En dónde están, decían, los que fueron a capturar a todos los zánganos y las avispas que aquí están?

Directamente iban a picarles las pupilas, zumbaban en bandadas los animalejos sobre cada uno de los hombres; y aturdidos por los zánganos y las avispas, ya no pudieron empuñar sus arcos ni sus escudos, que estaban doblados en el suelo.

Cuando caían quedaban tendidos en las faldas de la montaña y ya no sentían cuando les disparaban las flechas y los herían las hachas. Solamente palos sin punta usaron Balam-Quitzé y Balam-Acab. Sus mujeres también entraron a matar. Sólo una parte regresó y todas las tribus echaron a correr. Pero a los primeros que atraparon los acabaron, los mataron; no fueron pocos los hombres que murieron, y no murieron los que ellos pensaban perseguir, sino los que los insectos atacaban. Tampoco fue obra de valentía, porque no murieron por las flechas ni por los escudos.

Entonces se rindieron todas las tribus. Se humillaron los pueblos ante Balam-Quitzé, Balam-Acab y Mahucutah. —Tengan piedad de nosotros, no nos maten, exclamaron.

—Muy bien. Aunque son dignos de morir, se volverán nuestros vasallos por toda la vida, les dijeron.

De esta manera fue la derrota de todas las tribus por nuestras primeras madres y padres; y esto pasó allá sobre el monte Hacavitz, como ahora se le llama. En éste fue donde primero estuvieron asentados, donde se multiplicaron y aumentaron, donde engendraron a sus hijas, dieron el ser a sus hijos, sobre el monte Hacavitz.

Estaban, pues, muy contentos cuando vencieron a todas las tribus, a las que derrotaron allá en la cumbre del monte. Así fue como llevaron a cabo la derrota de las tribus, de todas las tribus. Después de esto descansaron sus corazones. Y les dijeron a sus hijos que cuando los quisieron matar, ya se acercaba la hora de su muerte.

Y ahora contaremos la muerte de Balam-Quitzé, Balam-Acab, Mahucutah e Iqui-Balam, así llamados.

Capítulo V

Y como ya presentían su muerte y su fin, les dieron sus consejos a sus hijos. No estaban enfermos, no sentían dolor ni agonía cuando dejaron sus recomendaciones a sus hijos.

Éstos son los nombres de sus hijos: Balam-Quitzé tuvo dos hijos, *Qocaib* se llamaba el primero y *Qocavib* era el nombre del segundo hijo de Balam-Quitzé, el abuelo y padre de los de *Cavec*.

Y éstos son los dos hijos que engendró Balam-Acab, he aquí sus nombres: *Qoacul* se llamaba el primero de sus hijos y *Qoacutec* fue llamado el segundo hijo de Balam-Acab, de los de *Nihaib*.

Mahucutah tuvo solamente un hijo, que se llamaba *Qoahau*.

Aquellos tres tuvieron hijos, pero Iqui-Balam no tuvo hijos. Ellos eran verdaderamente los sacrificadores y éstos eran los nombres de sus hijos.

Así pues, se despidieron de ellos. Estaban juntos los cuatro y se pusieron a cantar, sintiendo tristeza en sus corazones; y sus corazones lloraban cuando cantaron el *Camucú*, así se llamaba la canción que cantaron cuando se despidieron de sus hijos.

—¡Oh, hijos nuestros! Nosotros nos vamos, nosotros regresamos; sanas recomendaciones y sabios consejos les dejamos. Y también ustedes, que vinieron de nuestra lejana patria, ¡oh, esposas nuestras!, les dijeron a sus mujeres, y de cada una de ellas se despidieron. Nosotros nos volvemos a nuestro pueblo, ya está en su sitio Nuestro Señor de los Venados, visible está en el cielo. Vamos a emprender el regreso, hemos cumplido nuestra misión, nuestros días están terminados. Piensen en nosotros, no nos borren de su memoria, ni nos olviden. Volverán a ver sus hogares y vuestras montañas, establézcanlos allí y que ¡así sea! Continúen su camino y verán de nuevo el lugar de donde vinimos.

Estas palabras pronunciaron cuando se despidieron. Luego dejó Balam-Quitzé la señal de su existencia: —Éste es un recuerdo que dejo para ustedes. Éste será su poder. Yo me despido lleno de tristeza, agregó. Entonces dejó la señal de su ser, el así llamado *Pizom-Gagal*; y su contenido era invisible porque estaba envuelto y no podía desenvolverse; no se veía la costura porque no se vio cuando lo envolvieron.

De esta manera se despidieron y en seguida desaparecieron allá en la cumbre del monte Hacavitz.

No fueron enterrados por sus mujeres, ni por sus hijos, porque no se vio qué se hicieron cuando desaparecieron. Sólo se vio claramente su despedida, y así el Envoltorio fue muy querido para ellos. Era el recuerdo de sus padres e inmediatamente quemaron copal ante este recuerdo.

Y entonces fueron creados los hombres por los Señores que sucedieron a Balam-Quitzé, cuando dieron principio los abuelos y padres de los de Cavec; pero no desaparecieron sus hijos, los llamados Qocaib y Qocavib.

Así murieron los cuatro, nuestros primeros abuelos y padres; así desaparecieron, dejando a sus hijos sobre el monte Hacavitz, allá donde permanecieron sus hijos.

Y estando ya los pueblos sometidos y su grandeza terminada, las tribus ya no tenían ningún poder y vivían todas dedicadas a servir diariamente.

Se acordaban de sus padres; grande era para ellos la gloria del Envoltorio. Jamás lo desataban, sino que estaba siempre enrollado. Envoltorio de Grandeza lo llamaron cuando pusieron nombre a la reliquia que les dejaron sus padres como señal de su existencia.

Así fue, pues, la desaparición y fin de Balam-Quitzé, Balam-Acab, Mahucutah e Iqui-Balam, los primeros varones que vinieron de allá del otro lado del mar, de donde nace el sol. Cuando murieron, siendo muy viejos, los así llamados jefes y sacrificadores hacía mucho tiempo que habían venido aquí.

Capítulo VI

Luego decidieron irse al Oriente, pensando cumplir así la recomendación de sus padres que no habían olvidado. Hacía mucho tiempo que sus padres habían muerto cuando las tribus les dieron sus mujeres, y se emparentaron cuando los tres tomaron mujer.

Y al marcharse dijeron: —Vamos al Oriente, allá de donde vinieron nuestros padres. Así dijeron cuando se pusieron en camino los tres hijos. *Qocaib* se llamaba uno y era hijo de Balam-Quitzé, de los de Cavec. El llamado *Qoacutec* era hijo de Balam-Acab, de los de Nihaib; y el otro, que se llamaba *Qoahau*, era hijo de Mahucutah, de los Ahau-Quiché.

Éstos son, pues, los nombres de los que fueron allá al otro lado del mar; los tres se fueron entonces, y estaban dotados de inteligencia y de experiencia, su condición no era de hombres vanos. Se despidieron de todos sus hermanos y parientes y se marcharon alegremente. "No moriremos, sino que volveremos", dijeron cuando se fueron los tres.

Seguramente pasaron sobre el mar cuando llegaron allá al Oriente, cuando fueron a recibir los títulos del reino, cuando llegaron ante el Señor *Nacxit*, que era el nombre del gran Señor, Rey del Oriente a donde llegaron, el único juez supremo de todos los reinos, el que les dio las insignias del reino y todos sus distintivos. Entonces vinieron las insignias de la grandeza y del señorío del Ahpop y del Ahpop-Camhá, y Nacxit acabó de darles las insignias de la realeza, y sus nombres son: el dosel, el trono, las flautas de hueso, el *cham-cham*, cuentas amarillas, garras de león, garras de tigre, cabezas y patas de venado, conchas de caracol, tabaco, calabacillas, plumas de papagayo, estandartes de pluma de garza real, *tatam* y *caxcón*. Todo esto trajeron los que vinieron, cuando fueron a recibir al otro lado del mar las pinturas de Tulán, las pinturas, como le llamaban a aquello en que ponían sus historias.

Luego, habiendo llegado a su pueblo llamado Hacavitz, se juntaron allí todos los de Tamub y de Ilocab; todas las tribus se juntaron y se llenaron de alegría cuando llegaron Qocaib, Qoacutec y Qoahau, quienes tomaron nuevamente allí el gobierno de las tribus.

Se alegraron los de Rabinal, los cakchiqueles y los de Tziquinahá. Ante ellos se manifestaron las insignias de la grandeza del reino. Grande era también la existencia de las tribus, aunque no se había acabado de manifestar su poderío. Y estaban allí en Hacavitz, estaban todos con los que vinieron del Oriente. Allí pasaron mucho tiempo, allí en la cima de la montaña estaban en gran número.

Allí también murieron las mujeres de Balam-Quitzé, Balam-Acab y Mahucutah.

Vinieron después, abandonando su patria, y buscaron otros lugares donde establecerse. Incontables son los sitios donde se establecieron, donde estuvieron y a los cuales les dieron nombre. Allí se reunieron y aumentaron nuestras primeras madres y nuestros primeros padres. Así decían los antiguos cuando contaban cómo despoblaron su primera ciudad llamada Hacavitz y vinieron a fundar otra ciudad que llamaron *Chi-Quix*.

Mucho tiempo estuvieron en esta otra ciudad, donde tuvieron hijas e hijos. Allí estuvieron en gran número, y eran cuatro los montes, a cada uno de los cuales le dieron el nombre de su ciudad. Casaron a sus hijas y a sus hijos, y los regalos y favores que les hacían los recibían como precio de sus hijas y así llevaban una existencia feliz.

Pasaron después por cada uno de los barrios de la ciudad, y sus diversos nombres son: *Chi-Quix, Chichac, Humetahá, Culbá* y *Cavinal*. Éstos eran los nombres de los lugares donde se detuvieron. Y

110

examinaban los cerros y sus ciudades. Y buscaban los lugares deshabitados porque todos juntos eran ya muy numerosos.

Ya estaban muertos los que habían ido al Oriente a recibir el señorío. Ya eran viejos cuando llegaron a cada una de las ciudades. No se acostumbraron a los diferentes lugares que atravesaron; muchos trabajos y penas sufrieron y hasta después de mucho tiempo no llegaron a su pueblo los abuelos y padres. He aquí el nombre de la ciudad a donde llegaron.

Capítulo VII

Chi-Izimachí es el nombre de la ciudad donde estuvieron después y se establecieron. Allí desarrollaron su poder y construyeron edificios de piedra y cal bajo la cuarta generación de reyes.

Y gobernaron Conaché y Beleheb-Queh, el Galel-Ahau. En seguida reinaron el rey Cotuhá e Iztayul, así llamados, Ahpop y Ahpop-Camhá, quienes reinaron en Izmachí, que fue la hermosa ciudad que construyeron.

Solamente tres Casas grandes existieron allí en Izmachí. No había entonces las veinticuatro Casas grandes, sino sólo tres eran sus Casas grandes, una sola Casa grande de los Cavec, una sola Casa grande de los Nihaib y una sola de los Ahau-Quiché. Sólo dos tenían Casas grandes, las dos ramas de la familia, los quichés y los Tamub.

Y estaban allí en Izmachí con un solo pensamiento, sin enemistades ni dificultades, el reino estaba tranquilo, no tenían pleitos ni combates, sólo la paz y la felicidad estaban en sus corazones. No había envidia ni tenían celos. Su grandeza era limitada, no habían pensado en engrandecerse ni en aumentar. Cuando trataron de hacerlo, empuñaron el escudo en Izmachí y sólo para dar muestras de su imperio, en señal de su poder y de su grandeza.

111

Viendo esto, comenzó la guerra por parte de los de Ilocab, quienes quisieron ir a matar al rey Cotuhá, deseando tener solamente un jefe suyo. Y en cuanto al Señor Iztayul, los de Ilocab querían castigarlo y querían darle muerte. Pero su envidia no les dio resultado contra el rey Cotuhá, quien cayó sobre ellos antes que los de Ilocab pudieran darle muerte.

Así fue el principio de la revuelta y de los conflictos de la guerra. Primero llegaron los guerreros y atacaron la ciudad. Y lo que querían era la ruina de la raza quiché, deseando reinar ellos solos. Pero únicamente llegaron a morir, y no fueron muchos de entre ellos los que lograron escapar, fueron capturados y estuvieron cautivos.

En seguida comenzaron a sacrificarlos; los de Ilocab fueron sacrificados ante el dios, y éste fue el pago de sus pecados por orden del rey Cotuhá. Muchos fueron también los que cayeron en esclavitud y en servidumbre; únicamente fueron a entregarse y fueron vencidos por haber preparado la guerra contra los Señores y contra la ciudad. La destrucción y la ruina de la raza y del rey del Quiché era lo que deseaban sus corazones; pero no lo consiguieron.

De esta manera nacieron los sacrificios de los hombres ante los dioses, cuando se libró la guerra de los escudos, que fue la causa de que se comenzaran a hacer las fortificaciones de la ciudad de Izmachí.

Allí comenzó y se originó su poderío, porque era realmente grande el imperio del rey del Quiché. En todo sentido eran reyes prodigiosos; no había quien pudiera dominarlos, ni nadie que los pudiera humillar. Y fueron asimismo los creadores de la grandeza del reino que se fundó allí en Izmachí.

Allí creció el temor a su dios, sentían temor y se llenaron de espanto todas las tribus, grandes y pequeñas, que presenciaban la llegada de los cautivos, los cuales eran sacrificados y matados por obra del poder y señorío del rey Cotuhá y del rey Iztayul, de las ramas de Nihaib y de Ahau-Quiché.

Solamente tres ramas de la familia quiché estuvieron en Izmachí, que así se llamaba la ciudad, y allí comenzaron también los festines y orgías con motivo de sus hijas, cuando llegaban a pedirlas en matrimonio. Y se juntaban las tres así llamadas Casas grandes, y allí bebían sus bebidas y comían también su comida, que era el precio de sus hermanas y de sus hijas, y sus corazones se alegraban cuando lo hacían y comían y bebían en las Casas grandes.

—Éstos son nuestros agradecimientos y así abrimos el camino a nuestro porvenir y nuestra descendencia, ésta es la demostración de nuestro consentimiento para que sean esposas y maridos, decían.

Allí se identificaron y les dieron sus nombres, desde allí se distribuyeron en comunidades, en las siete tribus principales y en regiones.

—Unámonos, nosotros los de Cavec, nosotros los de Nihaib y nosotros los de Ahau-Quiché, dijeron las tres familias y las tres Casas grandes. Por largo tiempo estuvieron allí en Izmachí, hasta que encontraron y vieron otra ciudad y abandonaron la de Izmachí.

Capítulo VIII

Después de haberse levantado de allá, vinieron aquí a la ciudad de *Gumarcaah,* nombre que le dieron los quichés cuando vinieron los reyes Cotuhá y Gucumatz y todos los Señores. Habían entrado entonces en la quinta generación de hombres desde el principio de la civilización y de la población, el principio de la existencia de la nación.

Allí, pues, muchos hicieron sus casas y también construyeron el templo del dios; lo pusieron en el centro de la parte alta de la ciudad cuando llegaron y se establecieron.

Luego vino el crecimiento de su imperio. Eran muchos y numerosos cuando celebraron consejo en sus Casas grandes. Se reunieron y se dividieron, porque habían surgido desacuerdos y existían celos entre ellos por el precio de sus hermanas y de sus hijas, y porque ya no hacían sus bebidas en su presencia.

Ésta fue, pues, la causa de que se dividieran y de que se volvieran unos contra otros y se arrojaran las calaveras de los muertos entre sí.

Entonces se dividieron en nueve familias y, una vez terminado el pleito de las hermanas y de las hijas, tomaron la decisión de dividir el reino en veinticuatro Casas grandes, lo que así se hizo. Hace mucho tiempo que todos vinieron aquí a la ciudad de Gumarcaah, que fue bendecida por el Señor Obispo. Posteriormente la ciudad fue abandonada.

Allí se engrandecieron, allí instalaron sus tronos con esplendor, y se distribuyeron sus honores entre todos los Señores. Se formaron nueve familias con los nueve Señores de Cavec, nueve con los señores de Nihaib, cuatro de los Señores de Ahau-Quiché y dos con los señores de Zaquic.

Se volvieron muy numerosos y también eran muchos los que seguían a cada uno de los Señores; éstos eran los principales entre sus vasallos y muchísimas eran las familias de cada uno de los Señores.

Diremos ahora los nombres de cada uno de los Señores de cada una de las Casas grandes. He aquí, pues, los nombres de los Señores de Cavec. El primero de los Señores era el *Ahpop,* luego el *Ahpop-Camhá,* el *Ah-Tohil,* el *Ah-Gucumatz,* el *Nim-Chocoh-Cavec,* el *Popol-Vinac-Chituy,* el *Lomet-Quehnay,* el *Popol-Vinac Pa Hom Tzalatz* y el *Uchuch-Camhá.*

Éstos eran, pues, los Señores de Cavec, nueve Señores. Cada uno tenía su Casa grande. Más adelante aparecerán de nuevo.

He aquí los Señores de Nihaib: el primero era el *Ahau-Galel,* luego el *Ahau-Ahtzic-Vinac,* el *Galel-Camhá,* el *Nimá-Camhá,* el *Uchuch-Camhá,* el *Nim-Chocoh-Nihaibab,* el *Avilix,* el *Yacolatam,* el *Utzam-pop-Zaclatol* y el *Nimá-Lolmet-Ycoltux,* los nueve Señores de Nihaib.

Y en cuanto a los de Ahau-Quiché, éstos son los nombres de los Señores: *Ahtzic-Vinac, Ahau-Lolmet, Ahau-Nim-Chocoh-Ahau* y

Ahau-Hacavitz, cuatro Señores de los Ahau-Quiché, en el orden de sus Casas grandes.

Y dos eran las familias de los Zaquic: los Señores *Tzutuhá* y *Galel-Zaquic.* Estos dos señores sólo tenían una Casa grande.

Capítulo IX

De esta manera se completaron los veinticuatro Señores y existieron las veinticuatro Casas grandes. Así crecieron la grandeza y el poderío del Quiché. Entonces se engrandeció y dominó la superioridad de los hijos del Quiché, cuando construyeron de piedra y cal la ciudad de los barrancos.

Vinieron los pueblos pequeños, los pueblos grandes ante el rey. Se engrandeció el Quiché cuando surgió su gloria y majestad, cuando se levantaron la casa del dios y la casa de los Señores. Pero no fueron éstos los que las hicieron ni las trabajaron, ni tampoco construyeron sus casas, ni hicieron la casa del dios, pues fueron hechas por sus hijos y vasallos, que se habían multiplicado.

Y no fue engañándolos, ni robándolos, ni obligándolos violentamente, porque en realidad cada uno pertenecía a los Señores, y fueron muchos sus hermanos y parientes que se habían juntado y se habían reunido para oír las órdenes de cada uno de los Señores.

Verdaderamente los amaban y grande era la gloria de los Señores; y el día en que habían nacido los Señores era celebrado con gran respeto por sus hijos y vasallos, cuando se multiplicaron los habitantes del campo y de la ciudad.

Pero no fue porque llegaran a entregarse todas las tribus, ni porque cayeran en batalla los habitantes de los campos y las ciudades, sino que se engrandecieron a causa de los Señores prodigiosos, del rey Gucumatz y del rey Cotuhá. Verdaderamente, Gucumatz era un rey prodigioso. Siete días subía al cielo y siete días caminaba para descender a Xibalbá; siete días se convertía en serpiente; siete días se convertía en águila, siete días se convertía en tigre: verdaderamente su apariencia era de serpiente, águila y de tigre. Otros siete días se convertía en sangre coagulada y solamente era sangre en reposo.

En verdad era maravillosa la naturaleza de este rey, y todos los demás Señores se llenaban de espanto ante él. Se difundió la noticia de la naturaleza prodigiosa del rey y la oyeron todos los Señores de los pueblos. Y éste fue el principio de la grandeza del Quiché, cuando el rey Gucumatz dio estas muestras de su poder. No se perdió su imagen en la memoria de sus hijos y sus nietos. Y no hizo esto para que hubiera un rey prodigioso; lo hizo solamente para que hubiera un medio de dominar a todos los pueblos, como una demostración de que sólo uno debía ser el jefe de los pueblos.

Fue la cuarta generación de reyes, la del rey prodigioso llamado Gucumatz, quien fue también Ahpop y Ahpop-Camhá.

Quedaron sucesores y descendientes que reinaron y dominaron, y que engendraron a sus hijos, e hicieron muchas cosas. Fueron engendrados Tepepul e Iztayul, y su reinado fue la quinta generación de reyes. Asimismo, cada una de las generaciones de estos Señores tuvo sucesión.

Capítulo X

He aquí los nombres de la sexta generación de reyes. Fueron dos grandes reyes, *Gag-Quicab* se llamaba el primero y *Cavizimah* el otro. Hicieron grandes cosas y engrandecieron el Quiché, porque ciertamente eran de naturaleza portentosa.

He aquí la destrucción y división de los campos y de los pueblos de las naciones vecinas, pequeñas y grandes. Entre ellas estaba la que antiguamente fue la patria de los cakchiqueles, la actual *Chuvilá*, y la de los de Rabinal, *Pamacá*, también la patria de los de

Caoque, Zaccabahá, y las ciudades de los de *Zaculeu,* de *Cuvi-Mi-quiná, Xelahú, Chuvá-Tzac* y *Tzolohché.*

Estos pueblos aborrecían a Quicab. Él les hizo la guerra; conquistó y destruyó los campos y ciudades de los rabinaleros, los cakchiqueles y los de Zaculeu; llegó y venció a todos los pueblos; muy lejos llevaron sus armas los soldados de Quicab. Una o dos tribus no trajeron el tributo, y entonces cayó sobre todas las ciudades y tuvieron que llevar el tributo ante Quicab y Cavizimah.

Los hicieron esclavos, fueron heridos y flechados contra los árboles y ya no tuvieron gloria, ni poder. Así fue la destrucción de las ciudades que fueron arrasadas hasta los cimientos. Semejante al rayo que hiere y destroza la roca, así llenó de terror en un momento a los pueblos vencidos.

Frente a *Colché,* como señal de una ciudad destruida por él, hay ahora un volcán de piedras, que casi fueron cortadas como con el filo de un hacha. Está allá en la costa llamada de *Petatayub,* y pueden verlo claramente hoy en día la gente que pasa, como testimonio del valor de Quicab.

No pudieron matarlo ni vencerlo, porque verdaderamente era un hombre valiente, y todos los pueblos le rendían tributo.

Y habiéndose reunido en consejo todos los Señores, se fueron a fortificar las barrancas y las ciudades de todas las tribus. Luego salieron los vigías para observar al enemigo y fundaron pueblos en los lugares ocupados: —Por si acaso vuelven las tribus a ocupar la ciudad, dijeron cuando se reunieron en consejo todos los Señores.

En seguida salieron a sus puestos: —Éstos serán como nuestros fortines, nuestras murallas y defensas; aquí se probarán nuestro valor y nuestra hombría, dijeron todos los Señores cuando se dirigieron al puesto señalado a cada comunidad para pelear con los enemigos.

Y habiendo celebrado consejo todos los Señores, se fueron a fortificar las barrancas y las ciudades: —¡Vayan allá, porque ya son tierra nuestra! ¡No tengas miedo si hay todavía enemigos que vengan a matarlos; vengan aprisa a avisar y yo iré a darles muerte!, les dijo Quicab cuando los despidió a todos en presencia del Galel y del Ahtzic Vinac.

Entonces los así llamados flecheros y los honderos se marcharon. Entonces se repartieron los abuelos y padres de toda la nación quiché. Estaban en cada uno de los montes y eran como guardias de los montes, como guardianes de las flechas y las hondas y centinelas de la guerra. No eran de distinto origen ni tenían diferente dios cuando se fueron. Solamente iban a fortificar sus ciudades.

Salieron entonces todos los de *Uvilá,* los de *Chulimal, Zaquiyá, Xahbaquieh, Chi-Temah, Vahxalahuh,* y los de *Cabracán,* los de *Chabicac-Chi-Hunahpú,* y los de *Macá,* los de *Xoyabah,* los de *Zaccabahá,* los de *Ziyahá,* los de *Miquiná,* los de *Xelahuh* y los de la costa. Salieron a vigilar la guerra y a cuidar la tierra, cuando se fueron por orden de Quicab y Cavizimah, que eran el Ahpop y el Ahpop-Camhá, y del Galel y el Ahtzic-Vinac, que eran los cuatro Señores.

Fueron enviados para vigilar a los enemigos de *Quicab* y *Cavizimah,* nombres de los reyes, ambos de la Casa de Cavec, de *Queemá,* nombre del Señor de los de Nihaib, y de *Achac-Iboy,* nombre del Señor de los Ahau-Quiché. Éstos eran los nombres de los Señores que los enviaron y mandaron cuando se fueron sus hijos y vasallos a cada una de las montañas.

En seguida se fueron y trajeron cautivos, trajeron prisioneros ante la presencia de Quicab, Cavizimah, el Galel y el Ahtzic-Vinac. Hicieron la guerra los flecheros y los honderos, tomando cautivos y prisioneros. Fueron unos héroes los defensores de los puestos, y los Señores les dieron y regalaron sus premios cuando aquéllos vinieron a entregar a todos sus cautivos y prisioneros.

A continuación se reunieron en consejo por orden de los Señores, el Ahpop, el Ahpop-Camhá, el Galel y el Ahtzic-Vinac; dijeron que los que allí estaban primero tendrían la dignidad de ser representantes de su familia. —¡Yo soy el Ahpop! ¡Yo soy el Ahpop-Camhá!, mía será la dignidad de Ahpop; mientras que la tuya, Ahau-Galel, será la dignidad de Galel, dijeron todos los Señores cuando celebraron su consejo.

Lo mismo hicieron los de Tamub y los de Ilocab; igual fue la condición de las tres comunidades del Quiché cuando nombraron capitanes y ennoblecieron por primera vez a sus hijos y vasallos. Tal fue el resultado de la consulta. Pero no fueron hechos capitanes aquí en el Quiché. Tiene su nombre el monte donde fueron hechos capitanes por primera vez los hijos y vasallos, cuando los enviaron a todos y cada uno a su monte, y se reunieron todos. *Xebalax* y *Xecamax* son los nombres de los montes donde fueron hechos capitanes y recibieron sus cargos. Esto pasó en *Chulimal*.

Así fueron el nombramiento, la promoción y la distinción de los veinte Galel, de los veinte Ahpop, que fueron nombrados por el Ahpop y el Ahpop-Camhá y por el Galel y el Ahtzic-Vinac. Recibieron sus dignidades todos los *Galel-Ahpop,* once *Nim-Chocoh, Galel-Ahau, Galel-Zaquic, Galel-Achih, Rahpop-Achih, Rahtzalam-Achih, Utzam-Achih,* nombres que recibieron los guerreros cuando les otorgaron los títulos y distinciones en sus tronos y asientos, siendo los primeros hijos y vasallos de la nación quiché, sus vigías, sus escuchas, los flecheros, los honderos, murallas, puertas, fortines y bastiones del Quiché.

Así también lo hicieron los de Tamub e Ilocab; nombraron y ennoblecieron a los primeros hijos y vasallos que había en cada lugar.

Éste fue, pues, el origen de los Galel-Ahpop y de las dignidades que existen ahora en cada uno de estos lugares. Así fue su origen cuando surgieron. Por el Ahpop y el Ahpop-Camhá, por el Galel y el Ahtzic-Vinac aparecieron.

Capítulo XI

Diremos ahora el nombre de la casa del Dios. La casa era designada asimismo con el nombre del dios.

El *Gran Edificio de Tohil* era el nombre del templo de los de Cavec. *Avilix* era el nombre del edificio del templo de los de Nihaib, y *Hacavitz* era el nombre del edificio del templo del dios de los Ahau-Quiché.

Tzutuhá, que se ve en *Cahbahá,* es el nombre de un gran edificio, en el cual había una piedra que adoraban todos los Señores del Quiché y que era adorada también por todos los pueblos.

Los pueblos hacían primero sus sacrificios ante Tohil y después iban a ofrecer sus respetos al Ahpop y al Ahpop-Camhá; iban a presentar sus ricas plumas y su tributo ante estos reyes que habían conquistado sus ciudades.

Grandes Señores y hombres prodigiosos eran los reyes Gucumatz y Cotuhá y los reyes Quicab y Cavizimah. Ellos sabían si se haría la guerra porque todo era claro ante sus ojos; veían si habría mortandad o hambre, si habría pleitos. Sabían bien dónde podían verlo, pues existía un libro por ellos llamado *Popol Vuh.*

Pero no sólo de esta manera era grande la condición de los Señores. Grandes eran también sus ayunos. Y esto era en pago de haber sido creados y en pago de su reino. Ayunaban mucho tiempo y hacían sacrificios a sus dioses. He aquí cómo ayunaban. Nueve hombres ayunaban y otros nueve hacían sacrificios y quemaban incienso. Trece hombres más ayunaban, otros trece hacían ofrendas y quemaban incienso ante Tohil. Delante de su dios se alimentaban únicamente de frutas, de zapotes, de tejocotes. Y no tenían tortillas que comer.

Ya fueran diecisiete hombres los que hacían el sacrificio o diez los que ayunaran, de verdad no comían. Cumplían con sus grandes preceptos y así demostraban su condición de Señores.

Tampoco tenían mujeres con quienes dormir, sino que se mantenían solos, ayunando. Estaban en la casa del dios, estaban todo el día en oración, quemando incienso y haciendo sacrificios. Así permanecían del anochecer a la madrugada, gimiendo en sus corazones, levantando sus rostros al cielo, pidiendo por la felicidad y la vida de sus hijos, vasallos y también por su reino.

He aquí sus peticiones a su dios, cuando oraban; y ésta era la súplica de sus corazones:

"¡Oh tú, hermosura del día! ¡Tú, Huracán; tú, Corazón del Cielo y de la Tierra! ¡Tú, dador de la riqueza y dador de las hijas y de los hijos! Manda hacia acá tu gloria y tu riqueza; concédeles la vida y el desarrollo a mis hijos y vasallos; que se multipliquen y crezcan los que han de alimentarte y mantenerte; los que te invocan en los caminos, en los campos, a la orilla de los ríos, en los barrancos, bajo los árboles, bajo los bejucos.

"Dales sus hijas y sus hijos. Que no encuentren desgracia ni infortunio, que no se introduzca el engañador ni detrás ni delante de ellos. Que no caigan, que no sean heridos, que no pequen, ni sean condenados por la justicia. Que no se caigan en la bajada ni en la subida del camino. Que no encuentren obstáculos ni detrás ni delante de ellos, ni cosa que los golpee. Concédeles buenos caminos, hermosos caminos planos. Que no tengan infortunio ni desgracia por tu hechicería.

"Que sea buena la existencia de los que te dan el sustento y el alimento en tu boca, en tu presencia, a ti, Corazón del Cielo, Corazón de la Tierra, Envoltorio de la Majestad. Y tú, Tohil; tú, Avilix; tú, Hacavitz, bóveda de cielo, superficie de la Tierra, los cuatro rincones, los cuatro puntos cardinales. ¡Que sólo haya paz y tranquilidad ante tu boca, en tu presencia, oh Dios!"

Así hablaban los Señores, mientras en el interior ayunaban los nueve hombres, los trece hombres y los diecisiete hombres. Ayunaban durante el día y lloraban sus corazones por sus hijos y vasallos y por todas sus mujeres y sus hijos cuando hacían su ofrenda cada uno de los Señores.

Éste era el precio de la vida feliz, el precio del poder, o sea, el mando del Ahpop, el Ahpop-Camhá, el Galel y el Ahtzic-Vinac. De dos en dos entraban al gobierno y se sustituían unos a otros para llevar la carga del pueblo y de toda la nación quiché.

Uno solo fue el origen de la costumbre de mantener y alimentar a los dioses, y uno también el origen de la tradición semejante de los de Tamub, de Ilocab, de los rabinaleros, de los cakchiqueles, de los de Tziquinahá, de los de Tuhalahá y Uchabahá. Y eran una sola familia cuando escuchaban allí, en el Quiché, lo que todos ellos hacían.

Pero no sólo fue así como reinaron. No derrochaban los dones de los que los alimentaban y sostenían, sino que se los comían y bebían. Tampoco los compraban: habían ganado y arrebatado su imperio, su poder y su señorío.

❖   ❖   ❖

Y no fue así no más como conquistaron los campos y ciudades. Los pueblos pequeños y los pueblos grandes pagaron numerosos rescates; trajeron piedras preciosas y metales, trajeron miel de abejas, pulseras de esmeraldas y otras piedras, trajeron guirnaldas hechas de plumas azules; éste fue el tributo de todos los pueblos. Llegaron a presencia de los reyes portentosos Gucumatz y Cotuhá, y ante Quicab y Cavizimah, el Ahpop, el Ahpop-Camhá, el Galel y el Ahtzic-Vinac.

No fue poco lo que hicieron, ni fueron pocos los pueblos que conquistaron. Muchas ramas de los pueblos acudieron a pagar tributo al Quiché y llenos de dolor llegaron a entregarlo. Sin embargo, su poder no creció rápidamente. Gucumatz fue quien dio principio al engrandecimiento del reino. Así fue el principio del engrandecimiento del Quiché.

Y ahora enumeraremos las generaciones de los Señores y sus nombres, de nuevo nombraremos a todos los Señores.

Capítulo XII

He aquí, pues, las generaciones y el orden de todos los reinados que nacieron con nuestros primeros abuelos y nuestros primeros padres, Balam-Quitzé, Balam-Acab, Mahucutah e Iqui-Balam, cuando aparecieron el Sol, la Luna y las estrellas.

Ahora, pues, daremos principio a las generaciones, al orden de los reinados, desde el principio de su descendencia, cómo fueron entrando los Señores, desde su entrada hasta su muerte; cada generación de Señores y antepasados, así como el Señor de la ciudad, todos y cada uno de los Señores. Aquí, pues, se manifestará la persona de cada uno de los Señores del Quiché.

Balam-Quitzé, tronco de los de Cavec.

Qocavib, segunda generación de Balam-Quitzé.

Balam-Conaché, con quien comenzó el título de Ahpop, terce-ra generación.

Cotuhá e *Iztayub,* cuarta generación.

Gucumatz y *Cotuhá,* principio de los reyes portentosos, que fueron la quinta generación.

Tepepul e *Iztayul,* del sexto orden.

Quicab y *Cavizimah,* la séptima sucesión del reino.

Tepepul e *Iztayub,* octava generación.

Tecum y *Tepepul,* novena generación.

Vahxaqui-Caam y *Quicab,* décima generación de reyes.

Vucub-Noh y *Cauutepech,* el undécimo orden de reyes.

Oxib-Queh y *Beleheb-Tzi,* la duodécima generación de reyes. Éstos eran los que reinaban cuando llegó *Donadiú* y fueron ahorca-dos por los castellanos.

Tecum y *Tepepul,* que tributaron a los castellanos; éstos deja-ron hijos y fueron la decimotercera generación de reyes.

Don Juan de Rojas y *don Juan Cortés,* decimocuarta generación de reyes, fueron hijos de Tecum y Tepepul.

Éstas son, pues, las generaciones y el orden del reinado de los Señores Ahpop y Ahpop-Camhá de los Quichés de Cavec.

Y ahora nombraremos de nuevo las familias. Éstas son las Casas grandes de cada uno de los Señores que siguen al Ahpop y al Ah-pop-Camhá. Éstos son los nombres de las nueve familias de los Ca-vec, de las nueve Casas grandes y éstos son los títulos de los Señores de cada una de las Casas grandes:

Ahau-Ahpop, una Casa grande. *Cuhá* era el nombre de la Casa grande.

Ahau-Ahpop-Camhá, su Casa grande se llamaba *Tziquinahá.*

Nim-Chocoh-Cavec, una Casa grande.

Ahau-Ah-Tohil, una Casa grande.

Ahau-Ah-Gucumatz, una Casa grande.

Popol-Vinac Chituy, una Casa grande.

❖ ❖ ❖

Lolmet—Quehnay, una Casa grande.
Popol-Vinac Pahom Tzalatz Ixcuxebá, una Casa grande.
Tepeu-Yaqui, una Casa grande.

Éstas son, pues, las nueve familias de Cavec. Y eran muy numerosos los hijos y vasallos de las tribus que seguían a estas nueve Casas grandes.

He aquí las nueve Casas grandes de los de Nihaib. Pero primero diremos la descendencia del reino. De un solo tronco se originaron estos nombres cuando comenzó a brillar el Sol, al principio de la luz.

Balam-Acab, primer abuelo y padre.
Qoacul y *Qoacutec,* la segunda generación.
Cochahuh y *Cotzibahá,* la tercera generación.
Beleheb-Queh, la cuarta generación.
Cotuhá, la quinta generación de reyes.
Batzá, la sexta generación.
Iztayul, la séptima generación de reyes.
Cotuhá, el octavo orden del reino.
Beleheb-Queh, el noveno orden.
Quemá, así llamado, décima generación.
Ahau-Cotuhá, la undécima generación.
Don Christóval, así llamado, que reinó en tiempo de los castellanos.
Don Pedro de Robles, el actual Ahau-Galel.

Éstos son, pues, todos los reyes que descendieron de los Ahau-Galel. Ahora nombraremos a los Señores de cada una de las Casas grandes:

Ahau-Galel, el primer Señor de los de Nihaib, jefe de una Casa grande.
Ahau-Ahtzic-Vinac, una Casa grande.
Ahau-Galel Camhá, una Casa grande.

Nimá-Camhá, una Casa grande.
Uchuch-Camhá, una Casa grande.
Nim-Chocoh-Nihaib, una Casa grande.
Ahau-Avilix, una Casa grande.
Yacolatam, una Casa grande.
Nimá-Lolmet-Ycoltux, una Casa grande.

Éstas son, pues, las Casas grandes de los de Nihaib; éstos eran los nombres de las nueve familias de los de Nihaib, así llamados. Numerosas fueron las familias de cada uno de los Señores, y sus nombres los hemos señalado primero.

He aquí ahora la descendencia de los de Ahau-Quiché, siendo su abuelo y padre:

Mahucutah, el primer hombre.
Qoahau, nombre de la segunda generación de reyes.
Caglacán.
Cocozom.
Comahcun.
Vucub-Ah.
Cocamel.
Coyabacoh.
Vinac-Bam.

Éstos fueron los reyes de los de Ahau-Quiché: éste es el orden de sus generaciones.

He aquí ahora los nombres de los Señores que componen las Casas grandes; sólo había cuatro Casas grandes:

Ahtzic-Vinac-Ahau se llamaba el primer Señor de una Casa grande.
Lolmet-Ahau, segundo Señor de una Casa grande.
Nim-Chocoh-Ahau, tercer Señor de una Casa grande.
Hacavitz, el cuarto Señor de una Casa grande.
Cuatro eran, pues, las Casas grandes de los Ahau-Quiché.

Había, pues, tres *Nim-Chocoh,* que eran como los padres, proclamados de autoridad por todos los Señores del Quiché. Se reunían los tres Chocoh para dar a conocer las facultades de las madres, las facultades de los padres. Grande era la condición de los tres Chocoh.

El primero era el Nim-Chocoh de los Cavec, el segundo era el Nim-Chocoh de los Nihaib, y el tercero era el Nim-Chocoh-Ahau de los Ahau-Quiché; tres Chocoh y cada uno representaba a su familia.

Y ésta fue la existencia de los quichés, porque ya no puede verse el *libro Popol Vuh* que tenían antiguamente los reyes, pues ha desaparecido.

Así pues, se han acabado todos los del Quiché, que ahora se llama *Santa Cruz.*

Popol Vuh
se terminó de imprimir en **Febrero** 2007 en
Comercializadora y Maquiladora Tucef, S.A. de C.V.
Venado Nº 104, Col. Los Olivos
C.P. 13210, México, D. F.